SALVADOR TURCIOS R.

¡MORAZÁN!
¡MORAZÁN!
¡MORAZÁN!

(ARTÍCULOS PUBLICADOS EN DIARIO EL CRONISTA. 1939—1942)

ERANDIQUE
COLECCIÓN

¡MORAZÁN! ¡MORAZÁN! ¡MORAZÁN!
(ARTÍCULOS PUBLICADOS EN DIARIO EL CRONISTA. 1939—1942).
SALVADOR TURCIOS R.

©Colección Erandique
Supervisión Editorial: Óscar Flores López
Diseño de portada: Andrea Rodríguez—Mariana Turcios
Administración: Tesla Rodas—Jessica Cordero
Director Ejecutivo: José Azcona Bocock
Primera Edición
Tegucigalpa, Honduras—Abril 2025

INDICE

DEDICATORIA

A don Manuel M. Calderón

A Don Manuel le consagro
este esfuerzo en que yo vibro,
porque él ha hecho el milagro
de darle forma de libro.

Con su comprensión serena
de luchador esforzado,
ha brindado su alma buena
desde un lejano pasado.

Y, sin ser un sabihondo,
de ánimo vano y redondo,
y de una audacia arribista,

ha difundido culturas,
en este suelo de Honduras,
con su Faro de "El Cronista".

Salvador Turcios R.

PÓRTICO

¡Morazán! ¡Morazán! ¡Morazán!

Sea esta humilde ofrenda espiritual a la esclarecida memoria del ilustre Prócer y del glorioso Mártir del Gran Ideal Centroamericano, en el primer centenario de su inmenso sacrificio.

Salvador Turcios R.

¡MORAZÁN!

Permite ¡Padre Nuestro! que este día
te consagre mi verbo delirante,
para expresarte la gran ufanía
que palpita en mi espíritu vibrante.

Que es ahora la celeste Epifanía
que la Patria te depara triunfante,
y que hace que en la obscura lejanía
tu gloria inmarcesible se agigante.

Pues si no fuera un pedestal eterno
tu grandeza de Legionario fuerte,
que venció las maldades del Averno,

te basta, como un homérico elogio,
"más allá de la vida y de la muerte",
¡la esplendidez de tu martirologio!

DOS CENTENARIOS QUE SE APROXIMAN

Ya la Sociedad de Geografía e Historia de Honduras, resolvió tomar participación en la conmemoración del Primer Centenario de la muerte del General Francisco Morazán y del Presbítero Francisco Antonio Márquez, y, con tal fin, en la sesión que celebró el jueves catorce de diciembre de 1939, a moción de uno de sus socios fundadores, "acordó excitar oportunamente al Poder Ejecutivo acerca de lo que fuera conveniente disponer para la conmemoración del Primer Centenario de la muerte del General Francisco Morazán, el cual tendrá efecto el 15 de septiembre de 1942, debiendo, en consecuencia, ir considerando las disposiciones necesarias con tan patriótico fin"; y, en la sesión verificada el día ocho de febrero del presente año, se aprobó la resolución de "que la Sociedad tome participación en los actos que se realicen, a su debido tiempo, con motivo del Primer Centenario del fallecimiento del Prócer Francisco Antonio Márquez, el 16 de abril del mismo año, debiendo hacerse las gestiones necesarias, a este respecto, ante el Poder Ejecutivo y la Municipalidad de Güinope", y, al efecto, se nombró una comisión de su seno para que visitara la tumba del Prócer Márquez, la cual fue integrada por los socios Dr. Esteban Guardiola, Dr. Rómulo E. Durón, Lic. Félix Salgado, Dr. Jesús Aguilar P., Profesor Pedro Rivas, Lic. Luis Landa y Br. Salvador Turcios R., la cual cumplió debidamente con su encargo, a principios del mes de marzo último, obteniendo buen éxito sus gestiones ante la Honorable Corporación Municipal de Güinope, y logrando así rescatar del olvido la tumba del recordado Padre Márquez, y habiendo quedado organizado un Comité compuesto de personas distinguidas de aquella localidad, que se encargará de mantener el entusiasmo por esta idea, de acuerdo con la Sociedad de Geografía e Historia de Honduras.

A propósito del Centenario del General Morazán, se nos informa que el Poder Ejecutivo publicará próximamente un Manifiesto acerca de este acontecimiento histórico que se avecina, y que también se hará una edición especial de estampillas de correo con la efigie del Prócer Mártir, pudiendo hacerse lo mismo, según entendemos, con el

Presbítero Márquez, que también es considerado como una de las figuras fundamentales de la Nación Hondureña.

La Sociedad de Geografía e Historia, por el momento, ya dispuso hacer una edición extraordinaria de su Revista, dedicada, según el orden cronológico de dichos Centenarios, a la memoria del Prócer Márquez y del General Morazán, teniendo también en perspectiva otros números interesantes que formarán parte de los respectivos programas de tales efemérides.

Creemos que, el nombramiento de un Comité Nacional, que hiciera el Poder Ejecutivo, sería muy conveniente para encauzar los trabajos que se emprendan para la realización de dichas exaltaciones nacionales, con lo cual se lograría, igualmente, que no se llegue a las vísperas de aquellas fechas, sin tener algo concreto para el gran homenaje que el alma hondureña debe hacer, necesariamente, a la gloriosa memoria de aquellos esclarecidos varones.

No estimamos oportuno, por ahora, entrar en otras consideraciones alrededor de la glorificación de los personajes históricos de que nos ocupamos en esta pequeña nota informativa; pero sí diremos que, el Centenario de la muerte del General Morazán, debe conmemorarse dignamente por el patriotismo hondureño, como una consagración definitiva que debe hacerse a su gloria inmarcesible, a su enorme sacrificio por el triunfo de un ideal inextinguible, salvando así, del olvido y de la muerte, de la ingratitud y la ignominia, al más legítimo representativo de nuestra nacionalidad: el semi-Dios de nuestra Historia.

Van a cumplirse cien años del cruento sacrificio del abanderado de la Unión, y todavía rondan los cuervos insaciables de la envidia alrededor de su excelsa figura, que no han podido destruir, y que nunca destruirán, pues, antes bien, con el correr del tiempo, crece inmensamente su personalidad prócera, que ilumina a nuestra Patria como un sol esplendoroso en el cenit.

¡Bienaventurados sean los pueblos que saben honrar la memoria de sus superhombres, porque de ellos es el reino de la Libertad!

Tegucigalpa, D. C., 2 de septiembre de 1940.

TEGUCIGALPA LEGENDARIA

¿Sabéis, amable lector, cómo era Tegucigalpa el año de 1821, al proclamarse la Independencia de Centro América?

Figuraos una modesta aldehuela, con tres o cuatro avenidas, de oriente a poniente, y unas seis o siete callejuelas de norte a sur, recostada en la falda sur del cerro "El Picacho", ostentando el aspecto inconfundible del típico poblado hecho por el esfuerzo del conquistador español en tierras americanas; con sus casas antañonas de grandes aleros, asentadas sobre paredes de adobes de un metro de espesor; con sus ventanales y su único portón de entrada, en las residencias de los ricos mineros, y tendréis una idea aproximada de lo que fue, a principios del siglo pasado, esta ilustre ciudad de San Miguel y Heredia.

Se tiene conocimiento de los censos o empadronamientos levantados en 1791 por Fray Fernando de Cadiñanos, Obispo que fue de la Diócesis de Honduras; del de 1801, hecho por orden del Comandante General, Gobernador e Intendente de esta Provincia, don Ramón de Anguiano, de los cuales nos habla el Dr. Vallejo en su Anuario Estadístico de 1889; pero se desconocía, hasta hace poco tiempo, el Censo que se levantó de la población de Tegucigalpa, de enero a marzo del año de 1821.

Don Dionisio de Herrera, en un discurso que dijo en una de las sesiones de la Asamblea Ordinaria del Estado, en 1826, calculó la población de Honduras en 200,000 habitantes.

El censo de 1881 dio la suma de 307,289.

En el censo que se levantó en un solo día, el 15 de junio de 1887, el número de habitantes inscritos fue de 331,917.

El del 31 de diciembre del mismo año, dio una población de 335,258.

El número de habitantes de Honduras, el 31 de diciembre de 1889, fue de 396,048.

Por la información anterior, nos enteramos de cuál era la estadística de población de la República de Honduras en las épocas citadas; pero nada sabíamos de la referente a su capital, pues parece que entonces no se practicaban censos especiales, y por eso consideramos de sumo interés el Censo de Tegucigalpa de 1821, que sirve de pauta importantísima para conocer la evolución fundamental de la ciudad, en poco más de un siglo de su existencia, permitiéndonos insertar aquí los siguientes datos curiosos del referido documento:

Según el Censo que se comenzó a levantar el primero de enero y se terminó en marzo de 1821, por orden del Noble Ayuntamiento, y el cual fue hecho por don Vicente Coronel, oficial pluma, aparece que Tegucigalpa tenía entonces 483 casas, 2,225 mujeres, entre menores de 14 años, de 14 a 45, de 45, etc., solteras, viudas y casadas.

Hombres, menores de 14 años, de 14 a 45, de 45, etc., solteros, casados y viudos: 3,804.

Total de habitantes: 6,029.

Oficios: 6 eclesiásticos, 310 labradores, 41 comerciantes, 7 mineros, 41 carpinteros, 83 sastres, 61 zapateros, 43 tejedores, 28 herreros, 20 músicos, 4 pintores, 14 plateros, 8 coheteros, 3 fundidores, 5 barberos, 9 curtidores, 3 talladores, 19 escribientes, 19 impedidos, 16 fatuos, 10 texeros, 2 escultores, 22 esclavos, 31 id. mujeres, y 436 de todos los oficios.

Según un informe del Ayuntamiento, del 17 de junio de 1820, existían en esta ciudad las siguientes tiendas de mercaderías: de don José María Uncal, de ropa; del Regidor, alférez real, don José Vijil, de ropa y otros efectos; de don Severino Retes; de don Carlos Selva; del Comandante don José Cerra; de don Tomás Mayor Cerra; de don Miguel Lardizábal; de don Baltasar Sandoval; de don Andrés Lazo; de Petrona Granado; de don Mariano Urmeneta; de don Ignacio Vega; de don Francisco Aguirre; de don Ambrosio Echeverría; de don Ponciano Planas; de don Gregorio Alonso Cuesta; de don Antonio Rosa; de don León Rosa; y de don Francisco Lazo. Total: 19 tiendas, resultando nueve pesos, cuatro reales, como impuesto de la visita practicada por el Regidor encargado de hacerla.

No creemos demás agregar estos datos. Tegucigalpa es un nombre indígena, formado así: Teguz, cerro; Galpa, plata. Cerro de Plata.

Real de Minas se llamó hasta 1762.

No se conoce el acta de la fundación de esta ciudad, pero el Dr. Vallejo dice: "nos atrevemos a decir que Tegucigalpa fue fundada en 1579".

Don Alonso Fernández de Heredia, Presidente de la Real Audiencia de Guatemala, le concedió el título de Villa de San Miguel y Heredia, al Real de Minas de Tegucigalpa, el 10 de junio de 1762.

La Junta Consultiva de Guatemala le concedió el título de ciudad, el 11 de diciembre de 1821.

Fue declarada capital de la República de Honduras, el 30 de octubre de 1880, por el Congreso Constituyente de aquel año, en la administración del Dr. Soto.

Se encuentra a 3,000 pies sobre el nivel del mar.

El Censo de población de la República, levantado el 30 de junio de 1940, dio el total de 1,109,833 habitantes.

La ciudad de Tegucigalpa, sin incluir la de Comayagüela, tiene actualmente 29,791 habitantes, con lo cual se comprueba que su crecimiento ha sido muy lento en el transcurso de más de un siglo, por todas las causas que no se escapan a la mente del hombre estudioso.

Hemos expuesto los datos estadísticos que anteceden, para hacer resaltar el hecho histórico trascendental, único, si se quiere, en el Istmo centroamericano, de que, en tan humilde población, en una pobre aldehuela, en "una modestísima agrupación de mineros", como era Tegucigalpa en las pasadas centurias; enclavada solitariamente en una de las escarpadas estribaciones de los Andes centrales, vinieron a la vida tantos varones ilustres que son timbre de gloria para la Patria Centroamericana, por la elevación de sus ideales y por sus pugnas sacrosantas por el triunfo de la libertad; y basta solamente recordar que aquí nació, como en un pesebre —que dijéramos— por la sencillez del sitio, aquel nuevo Mesías de la redención patria que se llamó FRANCISCO MORAZÁN, que es, para Centro América, el Sol inextinguible que ilumina constantemente la senda de su futuro destino en la concurrencia del mundo.

Para nosotros los hondureños, la figura del General Morazán es la encarnación del principio y del fin de nuestra entidad nacional, como conglomerado histórico en la marcha de la civilización; y desde cualesquier punto psicológico que se le enfoque, sin las gafas ahumadas de los prejuicios ancestrales, tenemos que reconocer que él es el símbolo luminoso que nos ampara con su prestigio incontrarrestable, siendo el genuino representativo de la nacionalidad hondureña, el semi-Dios de nuestra Historia; y, por eso se dice, internacionalmente hablando, Honduras, la Patria de Morazán, como también se expresa: Venezuela, patria de Bolívar; Estados Unidos, patria de Washington; México, patria de Juárez; Argentina, patria de San Martín, etc., etc., formándose así la galería perdurable de los grandes representativos de las naciones de que nos habla Emerson.

Y el General Morazán, por haber nacido en modesta cuna, por haber sido un hijo del pueblo, que supo domeñar la soberbia de una casta privilegiada entronizada, marcando nuevas rutas al ideal patrio, es la razón fundamental por la cual, hasta ahora, no le perdonan los espíritus empecinados que dirigen contra su memoria inmortal la campaña sistemática, desde hace un siglo; la que más, propiamente dicho, va enderezada sutilmente contra el alma de Honduras, de la cual es él su legítima encarnación.

También en esta capital vinieron al mundo Dionisio de Herrera, Diego Vijil, José Antonio Márquez, Joaquín Rivera, Francisco Antonio Márquez, José Antonio Vijil, Trinidad Cabañas, Juan Lindo, José Trinidad Reyes y otros muchos personajes de gran relieve en la vida centroamericana, tanto en el ciclo libertario, como en épocas posteriores, y que sería largo enumerar, y por cuya razón, quizás, escribió el poeta, en elogio de Tegucigalpa, la Ciudad Legendaria, nido de águilas y cóndores, las siguientes estrofas:

"Diste a la Gloria tus regias legiones
de bellos poetas y graves guerreros,
que ilustraron sus egregios pendones
con áureas rimas y bravos aceros.

De épica lucha en pro de altos fueros
lleva tu nombre preclaras visiones,
cuando a través de los rojos senderos
iban tus hijos en férreas misiones".

Tegucigalpa, D. C., 19 de junio de 1941.

LOS HIJOS DEL GRAL. MORAZÁN

El estudio acucioso y la exaltación de nuestros próceres, constituye una obligación sagrada para los espíritus que se inspiran en la positiva grandeza de la Patria.

¡Ay! de los pueblos que no tienen un culto fervoroso por sus superhombres, porque ellos nunca alcanzarán un peldaño en el estadio de la civilización.

Los pueblos, como ya lo hemos dicho en otra ocasión, sólo viven en las páginas de la Historia por los hechos culminantes de sus hombres-síntesis, y no por la extensión de su territorio y por el volumen de su producción material.

A este postulado universal ya nadie le discute su efectividad ante la luz de la Filosofía de la Historia, porque se ha venido comprobando su exactitud matemática a través de todas las centurias.

Al estudiar la patricia personalidad del General Francisco Morazán, en sus diferentes aspectos, nos hemos encontrado con que los historiadores y biógrafos de nuestro Prócer, casi nada nos dicen de los ascendientes y descendientes de éste, y sólo mencionan su familia de una manera vaga e imprecisa.

Si por alguien se pretendiera en algún tiempo hacer un estudio psicológico o psicopatológico del General Morazán, se encontraría rodeado de un cúmulo de dificultades, tal vez insuperables, para darle un buen fin a tal empeño, pues sin tener antecedentes conocidos, no es posible obtener consecuentes deseados, y mucho menos poder conocer científicamente conclusiones satisfactorias con relación a la herencia, como estas:

¿Cómo era la constitución psicológica o psicopatológica del General Morazán?

¿Cómo eran tales conformaciones en sus ascendientes inmediatos o lejanos?

¿De quién de sus ascendientes heredó el General Morazán su heroicidad genial?

¿La influencia del medio y las circunstancias políticas y sociales que le impulsaron a su gloriosa carrera?

¿Cuáles fueron las manifestaciones fundamentales del carácter del General Morazán, en su vida pública y privada?

¿Hubo precocidad o desarrollo normal en el niño Francisco Morazán, en relación con su evolución superior?

Todas estas y otras muchas son cuestiones trascendentales que tienen que estudiarse serenamente para conocer a fondo la inmensa personalidad de nuestro Prócer.

Sus biógrafos e historiadores sólo dicen acerca de estos antecedentes, que el General Morazán nació en Tegucigalpa el 3 de octubre de 1792, siendo sus padres don Eusebio Morazán y doña Guadalupe Quesada, y que su abuelo paterno, de apellido Morazani, sin mencionar el nombre de éste, fue originario de Córcega, Italia.

Que Morazán tuvo tres hermanos más, siendo él el mayor, pero sin indicar el nombre de aquellos.

Que poseía un talento natural: que estudió particularmente matemáticas y dibujo, lo mismo que latín: que en 1808, a los 16 años de edad, se estableció con su padre en Morocelí, en donde éste ejerció el comercio: que era alegre, muy atento y de buena presencia, al grado que se hacía simpático y atrayente con quien le trataba; y, en fin, que adquirió otros conocimientos importantes que en aquella época era muy difícil poseer por los prejuicios oscurantistas que imperaban en la Colonia.

Que en 1826 contrajo matrimonio con doña MARÍA JOSEFA LASTIRI.

¿Cuántos hijos legítimos y naturales tuvo el General Morazán?

De este interesante asunto nada dicen sus biógrafos o historiadores, tal vez por un olvido o porque no lo consideraron como importante para el conocimiento de los antecedentes y consecuentes de que hablamos anteriormente.

Por esa misma falta de datos, sólo sabemos que el General Morazán tuvo una hija que se llamó Adela Morazán, la cual contrajo matrimonio en El Salvador, allá por el año de 1860, con el Lic. don Cruz Ulloa, que fue de origen hondureño y que actuó en la política de aquel país, en diferentes ocasiones, habiendo sido el Ministro de Hacienda en el Gobierno del Dr. Francisco Dueñas, en 1865, del cual renunció con un gesto de altiva dignidad cuando se enteró de que iba a cometerse el asesinato político en la persona del Capitán General Gerardo Barrios.

Del matrimonio del Lic. Ulloa con doña Adela Morazán, nacieron varios hijos, entre ellos don Francisco y don Esteban Ulloa Morazán, y las hermanas gemelas Josefina y Mercedes.

Doña Josefina contrajo matrimonio con nuestro distinguido hombre de letras don J. Antonio López Gutiérrez.

Todavía, pues, existen descendientes inmediatos del bravo soldado de la Unión Nacional.

El que estas líneas escribe tuvo el honor de conocer en Santa Tecla, El Salvador, en 1911, a doña Adela Morazán, ya en los últimos años de su existencia, pues poco tiempo después falleció en aquella misma ciudad; y, no obstante su avanzada edad y sus muchos sufrimientos del pasado, presentaba un cuerpo alto y recto y conservaba el perfil cesáreo de su glorioso progenitor, que ha inmortalizado el pincel del artista y que esplende eternamente en el bronce y en el mármol de la épica gesta inmortal.

LOS HIJOS NATURALES RECONOCIDOS POR EL GENERAL MORAZÁN

DON JOSÉ ANTONIO RUIZ.– Nació en Tegucigalpa el 10 de mayo de 1826, como hijo del matrimonio del Procurador don Eusebio Ruiz y doña Rita Zelayandía, originarios de San Miguel, El Salvador, en la casa que fue de ellos y que ocupaba el sitio en donde está actualmente el Hotel "Las Américas".

He aquí su partida de bautismo:

"JOSÉ ANTO.– En la Iga. de Sor. San Migl. de Tega, a diez de Mayo de mil ochocientos veinte y seis.– Yo el Ciudo. Joaqu. Machado y Ugarte, Cura Into. y Vico. de este beneto. bauticé solemnemte. puse óleo y crisma, a un niño que nació el mismo día, a qu. puse por nombre José Anto. hijo legítimo de los Ciuds. Eusebio Ruiz y Rita Zelayandía. Fue su padrino que lo tuvo y sacó de pila el Redo. Padre Fr. Paulo Fernands. Comendr. del Combto. de esta Ciudad, qu. está instruído en el parentesco y obligación y firmé. – Joaqu. Machado y Ugarte."

(Libro de Bautismos. Años de 1821 a 1827. Pga. 242 b.)

El General Morazán lo reconoció como su hijo natural y se los pidió, desde muy pequeño, para educarlo, a los señores Ruiz y Zelayandía, y siempre lo presentaba como tal a sus amistades.

Don José Antonio Ruiz tomó parte muy activa en la acción de armas de San José de Costa Rica, el 11 de septiembre de 1842, y el lunes 12, a las 8 de la mañana, fue herido y cayó prisionero por los amotinados que capitaneaba José Antonio Pinto contra las escasas huestes del General Morazán.

Después del asesinato político de su padre, el 15 de septiembre de 1842, fue desterrado de Costa Rica, juntamente con los demás morazanistas, a bordo de la goleta llamada Coquimbo, con rumbo a la República de El Salvador.

El Congreso de esta República le confirió el grado de General de Brigada el año de 1853; y el 31 de julio de 1871 le fue reconocido este grado por el Presidente de El Salvador, Mariscal Santiago González.

En el año 1882, en la administración del Dr. Marco Aurelio Soto, fue nombrado Presidente del Supremo Tribunal de Guerra, y desempeñó en la misma administración las Comandancias de Armas de Amapala y Yuscarán, distinguiéndose en todos estos puestos públicos por su corrección y honradez en el cumplimiento de sus obligaciones.

El General Ruiz, después de bregar intensamente durante muchos años en la vida política y militar de Centro América, falleció en Tegucigalpa, pobre pero rodeado de consideración y respeto, en casa de sus sobrinas, la honorable familia Botelo, el día 27 de noviembre de 1883.

El Consejo de Ministros que fungía ese año por depósito del Gobierno que le hizo el Dr. Soto, acordó hacerle los honores correspondientes a su alta jerarquía militar, y su cadáver fue sepultado en el Cementerio General.

DON FRANCISCO MORAZÁN, HIJO.– Nació en Tegucigalpa el 4 de octubre de 1827, en casa de su madre doña Francisca Moncada, que ocupaba el sitio en donde está ahora la farmacia del Dr. Isidoro Mejía, frente a la casa de don Eusebio Morazán, el padre del Prócer, que ahora pertenece ésta a la sucesión de don Próspero Inestroza.

Siendo muy joven, lo tomó a su cuidado el General Morazán, reconociéndolo como hijo natural, y le acompañó hasta el año aciago de 1842 en que aquel desapareció de la vida.

El histórico manifiesto AL PUEBLO DE CENTRO AMÉRICA, del General Morazán, fechado en David el 16 de julio de 1841, fue dictado por aquel y escrito por su hijo Francisco y don Cruz Lozano.

Pocos momentos antes de ser fusilado el valiente e inmortal guerrero, dice la Historia que hizo llamar a su hijo Francisco para que escribiera su testamento, y como éste se emocionara fuertemente cuando su padre le redactaba, al grado que sus lágrimas caían copiosamente sobre el papel en que escribía, tuvo el General Morazán que infundirle valor con palabras que llevaban una represión, para que pudiera continuar en aquella fúnebre labor.

Antes de marchar al patíbulo, y al terminar de escribir el testamento, le dio el cinturón que portaba, conteniendo varias monedas de oro que entregó después a la esposa del General, y le aconsejó que nunca se mezclara en la política de Centro América, pues lo que estaba viendo le serviría de ejemplo.

Todo esto lo refería don Francisco Morazán, hijo, muchos años después de haber tenido lugar estos sucesos, en la intimidad del hogar y al calor de los recuerdos de un pasado de heroicidad y de grandeza en la Historia del Istmo Centroamericano.

Hay una escena conmovedora relacionada con su vida y que un distinguido escritor describe así:

"Cuando llegó el fatal momento de partir de la prisión a la plaza en que iba a consumarse el crimen, el pueblo costarricense presenció consternado una escena de dolor que a muchos hizo derramar lágrimas. Morazán hacía esfuerzos por separarse de su hijo FRANCISCO, quien abrazado como una hiedra al tronco que le había dado vida, deseaba en su amor y en su desesperación morir al lado de su padre idolatrado... al fin, Morazán logró desprenderse de aquellos tiernos brazos que le hacían mucho mal; luego levantó y sacudió con un gesto de evangélica resignación su olímpica cabeza y, clavando la mirada en el cielo, como para poner por testigo a Dios, continuó sereno en su viacrucis de dolor".

Don Francisco Morazán, hijo, pocos años después de la muerte de su padre, estuvo estudiando corto tiempo en un Colegio de

Guatemala, y refería a sus familiares que una mañana que estaban los alumnos en formación en el interior de aquel establecimiento, se había presentado un militar que mandaba una escolta, y le preguntó al Director que estaba en el extremo opuesto del corredor en donde él estaba en formación, que quién era Francisco Morazán, hijo, a lo cual el expresado Director le había contestado al militar diciéndole "aquel" y señalando para donde él se encontraba; y al llegar el militar a su inmediación, se había hecho el disimulado y se llevó al alumno que estaba a su lado, salvándose a continuación milagrosamente, saltándose unos tapiales y pasando a unas casas vecinas, regresando sigilosamente a esta capital.

Al alumno que capturaron en su lugar, creyendo que era Francisco Morazán, hijo, lo fusiló la escolta al salir del colegio, pues ya entonces imperaba en Guatemala la voluntad de Carrera, y con aquello se demostraba el odio implacable que allá se tenía por todo lo que recordaba la memoria del vencedor de la nobleza el memorable 13 de abril de 1829.

Siguiendo el consejo de su padre, no se volvió a inmiscuir en la política y se consagró a los trabajos de la agricultura, radicándose en la ciudad de Chinandega, Nicaragua, en donde contrajo matrimonio con doña Carmen Venerio, con quien tuvo los hijos llamados Francisco, que falleció muy joven, y doña Carmen y doña Mercedes, que vivieron en la expresada ciudad.

En esta capital falleció en 1928 la señorita Lupe Ulloa, que era la única sobrina de Morazán hijo, que vivía en la casa solariega que mencionamos anteriormente.

Don Francisco Morazán, hijo, falleció en Chinandega el año de 1904, de más de setenta y cinco años de edad, y llegó a tener algunas comodidades en la vida, mediante su honradez y constantes actividades en las labores agrícolas.

Queda ahora por averiguar, quiénes fueron los demás descendientes inmediatos del General Morazán, que los historiadores sólo mencionan en términos generales.

¿Tuvo sucesión legítima con su esposa doña María Josefa Lastiri?

¿Quiénes la formaron y cómo se llamaron?

Todos estos datos y otros más, serán de suma utilidad, como dijimos al principio de esta narración, para hacer el estudio sereno y científico y el análisis original de la gigantesca personalidad del Primer Santo del Calendario Cívico de la Patria Centroamericana.

Tegucigalpa, 3 de octubre de 1929.

MORAZÁN EN LA TRINIDAD

¡Escuchad! Un eco repercute en la montaña
con estruendo potente de loca tempestad.
Es el invicto genio de la marcial hazaña,
que alumbra con su gloria la obscura inmensidad.

Con su épico heroísmo, que la pasión no empaña,
grabó el ejemplo máximo, allá en "La Trinidad",
y amando la victoria de su inmortal campaña,
pasó en medio de truenos a la posteridad.

Luchando contra el vicio de crasa tradición,
alzó la noble enseña de la bendita Unión,
que fuera para el Istmo su gran prosperidad.

Y honrando su idealismo de Prócer visionario,
le abrió una eterna vida su trágico calvario,
¡Oh, Padre que nos diste la Santa Libertad!

AL MARGEN DE LA EPOPEYA: EL GENERAL MORAZÁN Y LA BATALLA DE LA TRINIDAD

… «y en el campo de La Trinidad, acreditar a los hondureños que era llegada la hora de romper sus cadenas».

Morazán

¡De pie, centroamericanos, que vamos a evocar las proezas legendarias del Héroe Mártir que pasó por el escenario del Istmo agitando el pendón sacrosanto de la Libertad!

Ha pasado un siglo y la figura gigantesca del Prócer ha resistido las tempestades de la pasión humana, y lejos de empequeñecerse y opacarse, ha recobrado toda la majestad y la grandeza del genio tutelar de la Patria.

"Suprimid el genio de Morazán –decía don Álvaro Contreras–, y habréis aniquilado el alma de la Historia de Centro América".

"El soldado de la Unidad Nacional se levanta hoy de su tumba –exclamaba don Lorenzo Montúfar–, y exhibiendo la Historia, demuestra la verdad y pulveriza las calumnias con que sus enemigos intentaron mancillar su nombre".

Estamos, pues, en presencia del máximo Capitán del Ideal Nacional, que simboliza para nosotros los hondureños la más pura expresión de la abnegación y del santo patriotismo, y que ilumina en el cenit de nuestra Historia como un sol deslumbrador de eternos resplandores.

ANTECEDENTES HISTÓRICOS

No vamos a detallar la biografía del General Morazán, porque ésta aparece grabada con caracteres indestructibles en el corazón de estos pueblos; pero sí queremos espigar en los campos de la Historia algunas minucias que casi siempre pasan desapercibidas y que son, sin embargo, de alta trascendencia en la realización del destino de los pueblos y de los hombres en la marcha incontenible de la humanidad.

Al margen de la epopeya inmortal, como quien recorre un campo sagrado, poseído de un religioso recogimiento, hemos ido poniendo intelectualmente las piedras blancas de un recordatorio heroico, en que resaltan las proezas luminosas del esforzado soldado de la Patria.

Históricamente hablando, bien puede considerarse al período 1827 como el AÑO TERRIBLE en el desenvolvimiento de la vida política de Honduras, y aún de Centro América en general, toda vez que en esa época se pusieron a prueba, una vez más, las dos tendencias de las sociedades que tienden al estancamiento o a la evolución, esto es: el Absolutismo o la Libertad.

Don Manuel José Arce, en Guatemala, a la cabeza de la aristocracia, a la que había combatido anteriormente, representaba entonces el Absolutismo como Presidente de Centro América; y don Dionisio de Herrera, en su carácter de Jefe del Estado de Honduras, encarnaba las ideas avanzadas, el principio de libertad y el respeto a las leyes, tal como se proclamaban entonces en el Estado de El Salvador.

La contienda tenía que ser dilatada y dolorosa para la formación de la conciencia cívica de estas colectividades, puesto que éstas habían surgido a la vida independiente por medio de combinaciones políticas de dudosa sinceridad, en que se disputaban la preeminencia del gobierno las dos tendencias relacionadas, en una forma romántica y curialesca, puesto que ya sabemos cómo se hizo nuestra independencia política, sin que costara de los grandes desgarramientos de la tragedia de los pueblos mártires, que han aprendido a caminar por los senderos de la libertad con las muletas de la gloria.

De allí que Centro América, al cabo de un siglo de su vida llamada INDEPENDIENTE, todavía se esté debatiendo dentro del círculo dantesco del PECADO ORIGINAL de su nacimiento y sin darse cuenta de los signos nefastos que aparecen en la extensión de su horizonte.

Con la caída y prisión del Jefe de Estado don Dionisio de Herrera, en Comayagua, el 9 de mayo de 1827, por efecto de la traición del español Antonio Fernández y de las intrigas de la reacción colonial, se abrió para Honduras la era de las revoluciones y se sentó el funesto precedente de que un hondureño –JOSÉ JUSTO MILLA– se prestara a combatir, con gente de otra sección hermana, a la tierra en que había nacido, sólo por la sed de mando y por saciar su espíritu de venganza contra sus mismos hermanos que lo habían electo Vicejefe del Estado.

El traidor Antonio Fernández acabó años después fusilado en Omoa, pagando así su negro crimen.

Leamos lo que dice después de este grave suceso el General Morazán en sus MEMORIAS:

"Como uno de los jefes de la fuerza que se disolvió en La Maradiaga, marché en busca del auxilio que mandaba el Vicejefe del Estado del Salvador. Pero ese auxilio que llegó a Tegucigalpa después de haberse rendido la plaza de Comayagua, era tan pequeño, que tuvo que retirarse hacia el Estado de Nicaragua. Los coroneles Díaz, Márquez, Gutiérrez y yo, buscamos en él nuestra seguridad, y acompañamos al jefe que los mandaba.

"Un incidente desagradable, que podía comprometer nuestro honor, nos obligó a separarnos de él en la Villa de Choluteca, y a pedir garantías a Milla para permanecer en Honduras."

"Nuestros deseos –continúa la narración– fueron satisfechos por este Jefe, mandándonos el pasaporte con el mismo correo que condujo la solicitud."

El jefe que mandaba este auxilio del Vicejefe del Estado de El Salvador, don Mariano Prado, era el coronel Cleto Ordóñez, que tres meses después tuvo una participación directa en las cuestiones políticas de Nicaragua, deponiendo al Vicejefe de aquel Estado.

EL INCIDENTE DESAGRADABLE, QUE PODÍA COMPROMETER NUESTRO HONOR, de que habla el General Morazán y que les OBLIGÓ A SEPARARSE DE ÉL (ORDÓÑEZ) EN LA VILLA DE CHOLUTECA, fue, como dice Marure, "el asesinato de un comerciante español, ejecutado por los oficiales de la comitiva de Ordóñez, a sangre fría, y según se cree, sin más motivo que el de apoderarse de sus bienes".

Este crimen fue perpetrado en la hacienda de "Hato Grande", a inmediaciones de Sabanagrande, entre el 12 y 15 de mayo de 1827, y acerca del cual nos habla extensamente nuestro ilustrado historiador doctor Rómulo E. Durón, en su documentado artículo titulado "Recuerdos de la Guerra de 1827, Sangriento Drama", en que aparece que la víctima de "Hato Grande" se llamaba Miguel Madueño, natural de La Habana (Cuba), quien había venido a Centro América en negocios de comercio y se dirigía en aquella época de la población de Apopa, en El Salvador, con rumbo a Olancho, en este Estado, conduciendo un cargamento de mercaderías en veinticinco mulas; pero, al llegar a la mencionada hacienda, los arrieros, que eran dueños de las bestias, al saber la toma de Comayagua por las fuerzas de Milla, no quisieron proseguir adelante por temor de perder sus animales y optaron por regresar al lugar de su procedencia, dejando solo con un criado al infeliz Madueño en el lugar donde fue ultimado.

Y aquí cabe explicar, como dice el Dr. Durón, el poder misterioso e incontrastable de las cosas mínimas y de las pequeñas causas –si pudiera decirse– que contribuyen ciegamente en el desenvolvimiento del destino de los seres y de las cosas en el dédalo infinito de la vida humana.

Si este crimen no se comete, el General Morazán hubiera continuado su marcha con Ordóñez hacia Nicaragua; no hubiera tenido necesidad de pedir garantías a Milla para permanecer en Honduras; no siendo prisionero en Ojojona, a donde se dirigió al lado de su familia; no hubiera burlado, asimismo, la vigilancia de sus carceleros en Tegucigalpa, y otro habría sido, indudablemente, el derrotero de su vida, sin que tal vez llegara a alcanzar la inmensa cumbre de la posteridad en el escenario de la revolución de Centro América, hasta sellar con su existencia la majestad del ideal patrio.

El coronel Ordóñez llegó a León, Nicaragua, a fines del mes de mayo y ofreció sus servicios al Vicejefe don Juan Argüello, que sostenía una lucha sangrienta con el jefe de aquel Estado, don Manuel Antonio de la Cerda; y, después de un cúmulo de circunstancias, por efecto de la situación anárquica de Nicaragua, logró el coronel Ordóñez, de acuerdo con el exsenador Juan Hernández y otros jefes importantes, deponer al Vicejefe Argüello el 14 de septiembre de 1827, quedando él encargado del mando general de las armas en el occidente de aquel país.

Después de su evasión de la cárcel de Tegucigalpa, y ya estando en El Salvador, dice así en sus MEMORIAS el General Morazán:

"En mi tránsito por el puerto de La Unión, hablé por primera vez con don Mariano Vidaurre que, como comisionado del Gobierno del

Estado del Salvador, pasaba al de Nicaragua con el objeto de procurar un advenimiento entre el Jefe y el Vicejefe de aquel Estado, que mutuamente se hacían la guerra. Vidaurre se interesó mucho para que se me auxiliase por este último".

"Entretanto, el coronel Ordóñez, que llegó preso a León, pudo formar una revolución contra el Vicejefe Argüello, que tuvo por resultado la deposición de este funcionario, y el auxilio que se me dio de los militares que le eran más adictos".

"Ciento treinta y cinco, entre jefes y oficiales, componían mi pequeña fuerza. Su fidelidad al Gobierno al que habían pertenecido, me inspiraba la mayor seguridad, y la fundada esperanza de reunir los descontentos hondureños que produjeron las persecuciones de Milla y sus agentes, ponían de nuestra parte todas las posibilidades del triunfo".

CÓMO DESCRIBE EL GENERAL MORAZÁN LA BATALLA DE "LA TRINIDAD"

Se lee en sus MEMORIAS este brillante párrafo de una sencillez espartana, en donde refulge el pensamiento que encabeza este trabajo, haciendo el bosquejo de la célebre batalla de "La Trinidad", concebido así:

"En la Villa de Choluteca, con el auxilio que mandó el Gobierno del Salvador, pude organizar una considerable división, y en el campo de La Trinidad, acreditar a los hondureños que era llegada la hora de romper sus cadenas. Milla fue allí completamente batido, dejando en nuestro poder los elementos de guerra que había acumulado y la correspondencia oficial de que ya he hecho mérito. La vanguardia sola consiguió este triunfo, en el que se distinguieron los coroneles Pacheco, Valladares y Díaz. A los de igual clase, Márquez, que había quedado malo en Pespire, Gutiérrez, que en unión de Osejo y el capitán Ferrera conducían la retaguardia, no les fue posible encontrarse en la acción".

"El coronel Díaz –dice el Dr. Vallejo en su Historia Social y Política– aunque era el jefe de esta expedición, tuvo el acierto de dar a Morazán el mando en jefe del ejército y la dirección de la batalla de "La Trinidad".

Al leer la descripción anterior, pudiera creerse que el General Morazán no le dio la gran importancia que tuvo este glorioso hecho de armas en los destinos políticos de Centro América, pues más podía barruntarse que le atribuyó mayor trascendencia a la batalla de Gualcho, si es que nos atenemos al minucioso detalle que hace de esta última acción en sus MEMORIAS; por cuya razón, no cabe duda, nuestros historiadores, al tratar de la batalla de "La Trinidad", lo hacen escuetamente, sin poder tener a la vista los partes circunstanciados de los jefes que en ella operaron, de una y otra parte, con el fin de poder sentar positivamente la verdad histórica que pudiera facilitar la reconstrucción de la historia militar y política de Honduras, fuera de la tradición que muchas veces es desfigurada por muchas circunstancias que no es del caso mencionar.

Entendemos que en el proceso a que fue sometido Milla en Guatemala, a su regreso de Honduras, después de su derrota, deben encontrarse algunos documentos que pudieran hacer luz sobre la trascendencia de este memorable hecho de armas, en que el HÁBIL PLUMISTA –como dice Marure en su "Bosquejo Histórico"– CON CUYO CARÁCTER SERVÍA (Morazán) EN LOS JUZGADOS DE COMAYAGUA, demostró heroicamente a nuestros pueblos que ERA LLEGADA LA HORA DE ROMPER SUS CADENAS; cubriéndose así de gloria imperecedera el IMPROVISADO GENERAL, que había dejado EL COVACHUELISMO, QUE EJERCÍA POR LAS CIRCUNSTANCIAS, Y SE ENROLÓ EN LA ACTIVIDAD POLÍTICA, como afirma el escritor guatemalteco Federico Hernández de León, en un "CAPÍTULO DE LAS EFEMÉRIDES".

Para los historiadores y publicistas hondureños, la batalla de "La Trinidad" se considera como el pedestal indestructible del genio militar del general Morazán, y por eso exclamaba en ocasión solemne nuestro gran orador don Álvaro Contreras:

"El último disparo del triunfo en el campo de "La Trinidad", al sur de Honduras, le proclama (a Morazán) por decreto de la Providencia, el más eximio representante de la patria en sus ardientes impulsos de civilización y libertad".

DETALLES QUE NO SE CONOCEN CON EXACTITUD

No se sabe con exactitud el número de combatientes de uno y otro bando que tomaron parte en la batalla de "La Trinidad". El mismo General Morazán sólo dice a este respecto lo siguiente:

"En la villa de Choluteca, con el auxilio que mandó el Gobierno del Salvador, PUDE ORGANIZAR UNA CONSIDERABLE DIVISIÓN".

¿Cuántos eran los soldados de Morazán y cuántos los de Milla? Nada se sabe con certeza acerca de este interesante detalle, por falta de documentos auténticos, y muchos de los cuales, según sabemos, fueron destruidos cuando el incendio del Palacio Nacional de San Salvador, en 1889, en donde se hallaba entonces el Archivo Federal.

¿Qué tiempo duró la batalla de "La Trinidad"?

Si nos atenemos a lo afirmado por el propio General Morazán, no podríamos decir con todo fundamento el tiempo que duró, pues unos historiadores aseguran, por simple tradición, que duró todo el día, y otros que solamente tres horas; entre estos últimos aparece el citado escritor del "Capítulo de las Efemérides", quien afirma a este propósito, que Morazán, con una vista certera, dispuso inmediatamente la acción y a las TRES HORAS de una lucha formidable, las tropas de los patriotas ponían en franca derrota a los soldados que se jactaban de abundantes y frescos laureles.

En una carta que el Licenciado don José Antonio Valladares dirigió de Güinope al Dr. Rómulo E. Durón, con fecha 25 de febrero de 1915, con motivo de haber escrito éste la Biografía del Presbítero don Francisco Antonio Márquez, se lee esto:

"Cuando Morazán necesitó gente para su célebre triunfo de "La Trinidad", el Padre Márquez se la envió de Texiguat, con lo cual se da a entender que la batalla duró bastantes horas del día.

¿Fue una batalla empeñada por sorpresa o se tomaron las precauciones militares del caso, por una y otra parte?

El General Morazán sólo dice a este respecto:

"LA VANGUARDIA SOLA CONSIGUIÓ ESTE TRIUNFO, EN EL QUE SE DISTINGUIERON LOS CORONELES PACHECO, VALLADARES Y DÍAZ. A los de igual clase, Márquez, que había quedado malo en Pespire, Gutiérrez, que en unión de Osejo y el capitán Ferrera conducían la retaguardia, no les fue posible encontrarse en la acción".

Y aquí resalta nuestra duda acerca de las preguntas últimamente formuladas.

¿Cómo podría ser que LA VANGUARDIA SOLA CONSIGUIÓ ESTE TRIUNFO, en una batalla que se dice duró todo el día y sin ser, por consiguiente, una acción de sorpresa?

El Dr. Vallejo, en su Historia Social y Política, agrega esto a lo anteriormente escrito:

"El coronel Díaz, aunque era el jefe de esa expedición, tuvo el acierto de dar a Morazán el mando en jefe del ejército y la dirección de la batalla de "La Trinidad", lo que entendemos no se concibe cuando se va a combatir en una acción planeada de antemano, en que se toman todas las precauciones que sugieren la experiencia y la técnica militar.

Acerca del día en que se efectuó este célebre hecho de armas, están divididos los historiadores: los hondureños afirman que fue el 11 de noviembre de 1827, y otros, entre ellos los guatemaltecos, que fue el 10 del expresado mes y año, estando entre estos últimos don Alejandro Marure y el ya mencionado don Federico Hernández de León.

Nosotros estamos con la opinión de los escritores hondureños, aunque así no lo exprese en sus MEMORIAS el General Morazán.

Este menciona por sus apellidos a los demás jefes que le acompañaban en su división, y así lo hacen casi todos nuestros historiadores.

El coronel Pacheco se llamaba Ramón, era español que había tomado mucha participación en los sucesos de Nicaragua al lado del Vicejefe Argüello, y después traicionó a los liberales y se puso al servicio de los serviles, contribuyendo a la defensa de Guatemala en 1829 contra las fuerzas libertadoras de su jefe anterior, el General Morazán.

El coronel Valladares tenía por nombre Román; era leonés, y cuando en septiembre de 1827 fue depuesto el Vicejefe Argüello, acompañó a éste a San Salvador, de donde vino a incorporarse a

Choluteca a las fuerzas del General Morazán, juntamente con el auxilio que le llegó de El Salvador.

El coronel Remigio Díaz fue lo suficientemente conocido por su importantísima actuación militar, su valor y lealtad a las ideas de su glorioso jefe.

El coronel José Antonio Márquez llegó después a la jefatura de este Estado, en cuyo desempeño falleció el 25 de marzo de 1832. Era hermano del celebrado Presbítero Antonio Márquez, el amigo cordial y constante del General Morazán, a quien tanto auxilió en sus nobles esfuerzos.

El coronel José María Gutiérrez, el NIÑO DULCE, como le decían en los salones de Guatemala, y que se transformaba en un león en los combates, murió gloriosamente en la batalla de Jaitique, el 26 de marzo de 1832.

El coronel José de Jesús Osejo, era leonés y fue uno de los jefes de confianza que estuvo siempre al lado de la causa que defendía en Nicaragua el Vicejefe don Juan Argüello.

El capitán Francisco Ferrera, que llegó a ser Presidente de la República, terminó por ser un enemigo encarnizado de la Federación y del General Morazán, habiendo fallecido emigrado en Chalatenango, El Salvador, el 10 de abril de 1851.

El alma de la victoria portentosa de "La Trinidad" estuvo encarnada en el genio guerrero de aquel IMPROVISADO GENERAL que representaba la conciencia de un pueblo altivo e indomeñable que aspiraba al reinado de la libertad contra las ideas estrechas y absolutistas de la Colonia.

De allí que la figura del General Morazán sea el símbolo más brillante del patriotismo, del ideal de unificación del Istmo por el cual llegó hasta el sacrificio de su vida, pues bien comprendía aquel paladín predestinado a la inmortalidad, como dijo después un fuerte pensador nacional, que "Centro América no será digna de su independencia, mientras no se reconstruya su antigua nacionalidad".

¡Descubríos, centroamericanos, que el invicto Capitán de la Victoria va pasando por el lienzo de la Historia, en medio del estruendo ensordecedor de cañones y fusiles y las dianas de claros clarines y el sonoro redoble de tambores, cargado de laureles inmarcesibles, desde el campo sagrado de "La Trinidad", "Gualcho",

"San Miguelito" y "Las Charcas", hasta el enorme Tabor de San José de Costa Rica, en que ascendió en alas del Espíritu Santo a las regiones de una radiosa y perpetua inmortalidad.

Tegucigalpa, 11 de noviembre de 1927.

UN HISTÓRICO ANIVERSARIO

Bien puede decirse que el Estado de El Salvador, a pesar de los vaivenes del tiempo y de las transformaciones que se operan en todo cuanto existe, ha logrado mantener encendida la llama del culto por los grandes ideales y por los grandes hombres de la Patria Centroamericana; y, por lo que hace al recuerdo de la epopeya morazánica, su fervor ha sido y es de una positiva prestancia, que nadie pone en duda, ya que los hechos prueban su efectividad.

Hojeando las páginas de la Historia, nos encontramos con que El Salvador exaltó la memoria del General Morazán, un año después de su sacrificio, el 15 de septiembre de 1843, consagrándole merecidas honras fúnebres, en un tiempo tenebroso en que las pasiones políticas se agitaban locamente contra la gloria del Mártir de la Unión; y, pocos años después, en 1849, al ser trasladados sus restos a la capital cuscatleca, le erigió un valioso mausoleo en el Cementerio General, siendo entonces Jefe del Estado el patriota don Doroteo Vasconcelos, que fue compañero y admirador entusiasta del Prócer, y cuya obra fue destruida por el terremoto que arruinó a San Salvador en 1873, y por lo cual, en la administración del Dr. Rafael Zaldívar, el 10 de mayo de 1880, se dispuso la erección de un nuevo mausoleo en el mismo Cementerio General, en donde fueron nuevamente inhumados los restos del Héroe, el 14 de septiembre de 1882, en cuyo acto pronunció un vibrante discurso, en nombre del Gobierno, el Dr. Antonio Guevara Valdés.

En 1881, en San Salvador, la sociedad literaria "La Juventud", en conmemoración de la Independencia Nacional, hizo la glorificación del General Morazán, en una velada que se efectuó en el Teatro Nacional, en la cual hicieron gala de su ingenio literario y poético hombres de la talla mental del General Juan J. Cañas, Joaquín Méndez, Salvador G. Hernández, Carlos Bonilla, Enrique Martí, Francisco Castañeda, Manuel Delgado y Manuel J. Barriere.

Hoy, 15 de marzo, se cumplen 59 años de haber sido inaugurado solemnemente el monumento al General Morazán, en la capital salvadoreña; y, por estimarlo de interés histórico, reproducimos aquí la invitación del Gobierno salvadoreño para el Gobierno hondureño, y la contestación de éste, para que se hiciera representar en los actos oficiales de la inauguración:

"Ministerio de Relaciones Exteriores.-República de El Salvador.-Por telégrafo de San Salvador, febrero 22 de 1882.-Recibido en Tegucigalpa a las 7 h. p. m.-Señor Ministro de Relaciones.-Tengo la honra de invitar, por medio de V. E., a ese Supremo Gobierno para la inauguración del monumento mandado a erigir al General don Francisco Morazán, que se verificará el 15 de marzo próximo en esta capital. Mi Gobierno desearía que esa República se hallara representada en aquel acto por medio de un Comisionado, dándole el carácter de una fiesta centroamericana".

"Soy de V. E., con toda consideración, su muy atento y seguro servidor.-Salvador Gallegos".

En contestación, el Gobierno de Honduras dijo:

"Ministerio de Relaciones Exteriores.-República de Honduras.-Tegucigalpa, febrero 23 de 1882.-Señor Ministro de Relaciones Exteriores.-San Salvador.-Mi Gobierno ha recibido con particular agrado la invitación que el de esa República le dirige, por medio de V. E., para la inauguración del monumento mandado a erigir al General don Francisco Morazán, a cuyo efecto se le excita para que nombre un Comisionado que lo represente en aquel acto, digno de los elevados sentimientos del pueblo salvadoreño y de la civilidad e ilustración de su Gobierno".

"Con gratitud acepta mi Gobierno la invitación de V. E., y en breve nombrará un Comisionado que lo represente en el acto de la inauguración".

"Honduras, señor Ministro, al ver honrada en El Salvador la memoria de uno de sus hijos más ilustres, siente grande y legítima satisfacción, y tiene un motivo más para estar siempre unida, fraternalmente, a esa noble Nación, que va a dar testimonio de reconocimiento a los servicios del abnegado república que tanto supo distinguirla y amarla".

"Doy, en nombre de mi Gobierno, al de V. E. la más sincera felicitación porque, como intérprete del sentimiento nacional de ese pueblo generoso, va a hacer justicia a los méritos del que supo vivir y sacrificarse por la Patria, y dar con ello una alta prueba de civilización que honra en gran manera a la América Central".

"De V. E. muy atento servidor.– Ramón Rosa".

El Comisionado nombrado por el Gobierno de Honduras no pudo ser mejor seleccionado, pues fue nada menos que el Lic. Cruz Ulloa, el distinguido jurisconsulto, originario de la ciudad de La Esperanza, Departamento de Intibucá, que tuvo tan brillante actuación en la vida pública salvadoreña, y que, como sabemos, estaba casado con doña Adela Morazán, la única hija legítima del General Morazán y de su esposa doña María Josefa Lastiri.

El Comisionado, pues, supo honrar a Honduras y a El Salvador, en tan feliz ocasión, contribuyendo espiritualmente, en aquella fiesta del patriotismo, a glorificar la memoria de su padre político y a estrechar los vínculos de unión entre los dos pueblos centroamericanos que siempre se han entendido a través del tiempo y del espacio.

El Poder Legislativo decretó lo siguiente, con fecha 9 de marzo:

"La Cámara de Legisladores de la República de El Salvador, considerando: que el día 15 del corriente está señalado para la inauguración del monumento erigido en uno de los parques de esta capital para perpetuar la memoria del esclarecido patriota centroamericano, General don Francisco Morazán; que este día va a formar una de las más brillantes páginas de nuestra historia; y que el Ejecutivo ha traducido fielmente los sentimientos del pueblo salvadoreño, decreta:

Artículo 1°.– El 15 de marzo se declara de hoy en adelante gran fiesta cívica nacional.

Art. 2°.– Se da un voto de gracias, a nombre de la Nación, al Poder Ejecutivo, por haber sabido interpretar los nobles sentimientos del pueblo salvadoreño".

Dado en el salón de sesiones de la Cámara de Senadores.– Palacio Nacional.– San Salvador, marzo nueve de mil ochocientos ochenta y dos.– A la Cámara de Diputados.– Teodoro Moreno, Presidente.– Antonio Liévano S., Secretario.– Casimiro Lazo, Secretario".

El 15 de marzo de 1882, en San Salvador, según rezan las crónicas de aquella época, se hizo la justificación histórica del General Morazán, pudiendo decirse que el alma centroamericana vibró tan intensamente en aquella apoteosis del Prócer, que su consagración definitiva quedó sellada para siempre, en aquel acto memorable, a pesar del retozo bastardo de las viejas pasiones de la insidia.

¿Y no fue en aquel festival del espíritu, en donde el verbo rotundo y fúlgido de Álvaro Contreras desató la vocinglería de los oros y los bronces de su prosa estruendosa, coronando así la gloria inmarcesible del Héroe Centroamericano?

¿Y no fue entonces cuando el Cancerbero del odio contra el General Morazán quedó decapitado para siempre, reivindicándose su nombre luminoso en los fastos de la Historia?

Para nosotros, el discurso de Álvaro Contreras es la columna toral del templo de la oratoria heroica centroamericana, en donde se levanta serenamente la figura esclarecida del Paladín de la Unión de Centro América.

¿Qué patriota no se siente emocionado con solo recordar estas frases de aquel célebre discurso?...

–"Estamos en presencia de la personificación en bronce del primer Héroe Centroamericano".

– "Suprimid el genio de Morazán, y habréis aniquilado el alma de la Historia de Centro América".

No hay duda de que, con solo este discurso de aquel genio de la oratoria nacional, si no hubiera producido más en su fecunda existencia, le hubiera bastado para llegar a la región de la inmortalidad, pudiendo así hermanarse con el genio de la revolución, a quien formó con su verbo inigualable el pedestal de su renombre.

También en Honduras, siguiendo el ejemplo de El Salvador, el Gobierno del Dr. Soto decretó el 27 de agosto de 1882 la erección de una estatua al General Morazán, la que se inauguró en esta capital el 30 de noviembre de 1883.

La grande efemérides que hoy celebra el pueblo salvadoreño tiene, pues, todas las proyecciones de una verdadera conmemoración centroamericana, que el patriotismo ha venido recordando y exaltando con fervor creciente, a medida que transcurre el tiempo, y que la figura ciclópea del Prócer se agiganta prodigiosamente en el escenario del mundo.

Tegucigalpa, D. C., 15 de marzo de 1941.

LA MEJOR BIOGRAFÍA DEL GENERAL MORAZÁN

Escribir libros no es tan difícil, hasta cierto punto, como publicarlos, cuando el autor no ha sido acariciado por la Diosa Fortuna, y especialmente en nuestro país, en donde, por desgracia, hasta ahora, no se cuenta con casas editoras que hagan sus operaciones con vistas al negocio y a la expansión de la cultura popular.

En el concepto moderno de la apreciación, los países valen tanto por su producción material, como por su producción intelectual, como expresión exacta de su vitalidad en ambas manifestaciones de la vida; y de ahí que la hegemonía se impone en el orden material como en el espiritual.

Resulta fácil, hasta cierto grado, formar un libro, un periódico, una revista o cualquiera otra publicación, pues muchas veces, para ello, no se necesita más que una tijera para practicar tan elevada función, siendo, lo verdaderamente escabroso, lo irreductible, sin duda, el hecho de financiar, de sostener económicamente cualquiera de dichas publicaciones, pues no es lo mismo hacer en letra impresa tal o cual producción literaria o científica, buena o mala, que tener que vérselas con el editor cuando pasa el recibo por el trabajo de la edición, que resulta para el interesado un verdadero suplicio dantesco, a lo que hay que agregar, que son muy pocas las personas que saben apreciar estas hondas torturas del productor intelectual, y, sobre todo, que éste tiene que soportar, además, esta otra experiencia que ya se ha hecho clásica en el ambiente criollo, y que consiste en decirle al autor de una obra de letras:

—¿Cuándo me envía su libro que ha publicado?...

Pero nadie dice: ¿cuánto vale su libro o su revista para comprarlo?, aunque esto sólo fuera como una vanidad o como un pequeño estímulo para el autor, que en verdad lo necesita; y de ahí atribuimos nosotros que sea tan difícil la producción intelectual en estos países del Istmo, a lo que hay que agregar el juicio sacramental que, en conclusión, se formula generalmente de tales obras, al decirse secamente: "es una lata", porque para expresar tal apreciación fulminante, la ignorancia siempre ha sido audaz al hacer sus juicios volanderos acerca de las nobles cosas del espíritu.

Conocemos las biografías que se han publicado acerca del General Morazán, entre ellas, la que escribió el historiador salvadoreño Doctor Rafael Reyes, lo mismo que la obra intitulada "Morazánida", del escritor guatemalteco don Joaquín Rodas M., y las muchas e interesantes informaciones históricas que dieron a conocer acerca del Paladín unionista don Alejandro Marure, el Dr. Lorenzo Montúfar y otras muchas de escritores del pasado y del presente, y creemos, por tal razón, si no estamos errados, que la mejor Biografía del General Morazán es la que escribió el ilustre historiador hondureño Dr. Eduardo Martínez López; y hacemos tal afirmación, basados en la opinión de la mayoría de las personas entendidas en esa clase de disciplinas intelectuales, y tomando en consideración, muchas de ellas, y con justicia, la época lejana en que aquella fue escrita por su autor.

Era el Dr. Martínez López, allá por el año de 1886, un modesto estudiante universitario en San Salvador, y en los momentos que le quedaban libres en sus faenas estudiantiles, que otro joven menos disciplinado que él hubiera dedicado a pasatiempos frívolos, se consagraba a estudiar y a copiar documentos importantes que existían en el viejo Archivo Federal, que el General Morazán trasladó a San Salvador cuando fue esta ciudad asiento del Gobierno de Centro América.

En aquella época era Director del Archivo Federal el Dr. Alberto Luna, buen historiador salvadoreño, y, con la recomendación de personas allegadas al Gobierno, se le dieron facilidades al estudiante Martínez López, para que pudiera realizar su labor desinteresada y patriótica que, con el correr del tiempo, llegaría a constituir el mejor homenaje que un intelectual nacional ha rendido al Héroe inmortal de La Trinidad.

Y cosa curiosa, casi milagrosa, decimos nosotros, pues debido a esa labor benemérita del Dr. Martínez López, se logró rescatar del olvido, por las copias que obraban en su poder, muchos valiosos documentos que desaparecieron devorados por las llamas del incendio del Palacio Nacional de aquella capital, ocurrido el 19 de noviembre de 1889, pues en una de sus dependencias se encontraba instalado el Archivo Federal, que fue destruido casi por completo.

La importante documentación que contiene la "Biografía del General Morazán", escrita por el Dr. Martínez López, fue rescatada milagrosamente, si así pudiera decirse, por la recóndita inspiración de un espíritu hondureño que ha contribuido, tan patrióticamente, al mejor conocimiento de la enorme personalidad del Primer Santo Cívico del Calendario Nacional.

El Gobierno de El Salvador, en 1891, acordó la publicación de esta obra; pero, por circunstancias internas de aquella Sección, no fue posible que se realizara.

Posteriormente, por acuerdos del Gobierno de Honduras, se hicieron las dos ediciones que se conocen de dicha Biografía, en 1899 y 1931, en los talleres de la Tipografía Nacional, en número de mil ejemplares cada una de ellas.

Esta obra consta, en su última edición, de 523 páginas, en formato mayor, y está dividida así:

Libro Primero.– Comprende desde el nacimiento de Morazán, hasta la toma de Guatemala en 1829.

Libro Segundo.– Desde la toma de Guatemala por Morazán, hasta su salida para la América del Sur.

Libro Tercero.– Desde la salida de Morazán para el Sur, hasta su muerte en San José de Costa Rica.

Libro Cuarto.– Honores que se han rendido al General Morazán después de su muerte.

Hay un Apéndice que comprende muchos de los trabajos que se publicaron al celebrarse el Primer Centenario del nacimiento del General Morazán, en 1892, lo mismo que una carta de éste para el Gobierno mexicano, de 1830, ofreciéndole la cooperación de Centro América en la defensa de estos países contra una posible invasión española, en son de reconquista.

Acerca de esta importantísima obra, el Dr. Rómulo E. Durón ha dicho:

"El autor ha sentido, al contemplar ese gran personaje histórico de la América Central, el entusiasmo que naturalmente inspiran los varones excelsos cuya fama pregonan nobles y heroicas acciones. Pero no se limitó a admirarlo. Encontró incompletas las narraciones que conocía de sus hazañas, y para que éstas se puedan valorar mejor, emprendió con ahínco la tarea de escribir la "Biografía" del eminente centroamericano, recogiendo datos de las personas que le conocieron y trataron de cerca, y explorando los archivos de San Salvador, en donde encontró gran cantidad de documentos originales, hoy desconocidos, algunos de ellos escritos de puño y letra del mismo General Morazán, que servirán para rectificar muchos errores históricos".

"Esta "Biografía" viene siendo, pues, como la narración de un testigo ocular. La colección de documentos unidos por el relato da a conocer los hechos sencillamente, con la importancia que se les dio al ocurrir, y no con el lente de aumento que un panegirista empleería; y tal sistema hace que se pueda apreciar mejor al hombre y al héroe. La grandeza surge así de las cosas. La verdad no queda cubierta como pudiera quedar con la sola narración por la envoltura del estilo y el criterio del escritor. Hacer esto es colocarse en el camino de escribir la verdadera Historia".

El mismo Dr. Martínez López, con una modestia que en verdad le honra, ha dicho de su obra:

"La única importancia que este trabajo encierra, es la fuerte documentación que contiene, la mayor parte inédita y hasta desconocida para la mayor parte de los historiadores y cronistas centroamericanos";

y, como un tributo de admiración y de reconocimiento, como buen centroamericanista que es, la dedicó a la memoria de su distinguido amigo el Doctor Lorenzo Montúfar, como gran luchador y sostenedor de las libertades públicas en Centro América, y como un infatigable defensor de la memoria del General Morazán.

Creemos, pues, que, como uno de los números interesantes de la próxima conmemoración del Primer Centenario de la muerte del Prócer, bien podría hacerse una nueva edición, a todo lujo, de la mejor "Biografía del General Morazán", para que se haga circular profusamente, como una de las muchas manifestaciones del espíritu hondureño en honor del Primero de los héroes nacionales.

Tegucigalpa, D. C., 20 de marzo de 1941.

JOSÉ JUSTO MILLA: ESTUDIO BIOGRÁFICO

Rara coincidencia. Hemos leído este interesante estudio histórico nacional, debido a la gentileza de su autor, el Dr. Rómulo E. Durón, que se dignó honrarnos obsequiándonos un ejemplar con una cariñosa dedicatoria que le hemos agradecido en lo que vale, precisamente al cumplirse ciento trece años de haberse verificado los principales acontecimientos que en él se narran, entre ellos, el sitio e incendio de la ciudad de Comayagua.

Ya en otras ocasiones hemos dicho que publicar libros entre nosotros es obra de titanes, por lo que se refiere a la parte material de la publicación, pues todavía no contamos con casas editoras que publiquen obras en condiciones favorables para ellas y los productores intelectuales; y de ahí que nuestra bibliografía sea tan exigua y tan difícil, a este respecto, pudiendo afirmarse que el aparecimiento de una obra seria y de trascendencia es un acontecimiento que nos llena de justo alborozo espiritual, como nos ha sucedido últimamente con la publicación de este nuevo aporte intelectual del Dr. Durón a la historiografía patria, el cual es, indudablemente, de lo mejor y más enjundioso que ha surgido de la mente disciplinada y fecunda de tan esforzado escritor.

Desde cualquier punto de vista que se contemple la personalidad de don Justo Milla, a través de las páginas de dicho estudio, y de las citas que en él se hacen de personajes de gran valía en la Historia de Centro América, que fueron sus contemporáneos, se llega forzosamente al convencimiento de que aquel hombre tuvo un sino trágico, tal vez por su escasa inteligencia o su docilidad al someterse al influjo malsano de personas que siempre le guiaron a situaciones difíciles e inexplicables en el orden lógico de los acontecimientos con orientaciones hacia las nobles finalidades del patriotismo.

Decir Justo Milla, en la Historia de Honduras, es evocar el incendio de Comayagua y las despiadadas persecuciones contra los abanderados de la nacionalidad, y surge, al mismo tiempo, en la mente, como por una feliz asociación de ideas directrices, la figura luminosa del semidios de nuestras gestas inmortales, el invicto

General Morazán, erguido eternamente en el "retozo heroico" de los gloriosos campos de La Trinidad.

Habiendo sido electo Milla Vice-Jefe del Estado, por su condición de hondureño de nacimiento, cuando la elección de Jefe recayó en don Dionisio de Herrera, era de esperarse que su colaboración hubiera sido efectiva y patriótica en bien de su Estado; pero sucedió todo lo contrario, y se convirtió en un instrumento ciego de las fatales determinaciones del Presidente Arce, para someter a Honduras a sus caprichos y arbitrariedades, valiéndose para ello de elementos tránsfugas y carentes de sentimientos patrios, con tal de llegar a realizar sus funestas aspiraciones de dividir para reinar e imponer en Centro América su autoridad absoluta.

El caso histórico del coronel Milla es el mismo, con ligeras variantes, que el del Presidente Arce, pues ambos fueron vencidos por su más absurda pasión política, por su más ruda incomprensión del porvenir, oponiéndose al triunfo del ideal redentor, llegando hasta el extremo lamentable de hacer armas contra la tierra que les vio nacer, traicionando a su patria chica, siendo así que, por tan enorme falta, la Historia imparcial les recuerda con un gesto de amarga severidad.

No cabe duda que, de sus ascendientes inmediatos, españoles de pura cepa, heredó el coronel Milla su marcado españolismo, su desmedido apego a las ideas absorbentes de la Colonia, su adhesión incondicional al bando servil, y su horror a la libertad, y, sobre todo, su ductilidad para someterse a sus directores espirituales, pudiendo afirmarse, a este respecto, que fue un ente que vivió y pensó por cabeza de otros, y de ahí nacieron, probablemente, las constantes vacilaciones en que se debatió durante casi todo el curso de su existencia, sobre todo en los años en que actuó en el escenario revolucionario, después de proclamarse la Independencia.

Es preciso anotar aquí la convicción que siempre hemos abrigado acerca de la certeza de la tesis que se ha divulgado referente a que la revolución de la Independencia de Hispanoamérica fue una verdadera lucha civil entre españoles peninsulares y españoles criollos, que se disputaban el predominio del poder público, del mando y de las consiguientes riquezas, en la cual, los verdaderos dueños de estas tierras, los nativos, en su mayoría, fueron arrastrados por ambos contendientes, como si fueran empujados por el huracán que todo lo derriba con sus furiosas arremetidas, y no porque comprendieran éstos la trascendencia de aquella pugna libertatriz; y así vemos que muchos de los caudillos de la Independencia fueron anteriormente ardientes defensores y luchadores por el predominio extranjero, y sólo después de la ruda experiencia de la guerra, tuvieron que buscar un nuevo acomodo, aunque simulado, en la mayoría de los casos, para continuar medrando al calor del nuevo orden de cosas; y tal vez por eso es que se ha dicho que los peores enemigos de la libertad eran los nativos, los indígenas, que se oponían tenazmente a la liberación y seguían fatalmente a sus opresores en la lucha contra el grupo selecto de los españoles criollos que levantaron el estandarte de la revolución contra los españoles peninsulares que tenían acaparado el poder en las ricas colonias de la América de Colón, siendo para éstos, los primitivos poseedores de estas tierras, verdaderos esclavos que explotaban inmisericordes, sin Dios y sin ley.

En el estudio biográfico de Milla, se vuelve a plantear la vieja cuestión, que aún no ha sido resuelta por los historiadores, referente a los pormenores de la batalla de La Trinidad, que en la Historia militar de Honduras marca la cúspide del esfuerzo patriótico por su liberación, la cual, hasta ahora, no se ha podido estudiar y juzgar debidamente, de acuerdo con los documentos oficiales de los jefes autorizados que tomaron participación en ella, pues basta decir que el mismo General Morazán, el vencedor de Milla, es tan lacónico en la información que dio de aquel memorable hecho de armas, que más parece que no le dio la inmensa importancia que tuvo incuestionablemente en los futuros destinos de Centro América, y se limita sencillamente a expresar acerca de ella lo siguiente:

"En la villa de Choluteca, con el auxilio que mandó el Gobierno del Salvador, pude organizar una considerable División, y en el campo de La Trinidad acreditar a los hondureños que era llegada la hora de romper sus cadenas. Milla fue allí completamente batido, dejando en nuestro poder los elementos de guerra que había acumulado y la correspondencia oficial. La vanguardia sola consiguió este triunfo en el que se distinguieron los coroneles Pacheco, Valladares y Díaz. A los de igual grado, Márquez, que había quedado malo en Pespire, Gutiérrez, que en unión de Osejo y el capitán Ferrera conducían la retaguardia, no les fue posible encontrarse en la acción".

En nuestro pequeño trabajo intitulado "El General Morazán y la batalla de La Trinidad", hemos expuesto nuestras dudas con respecto a la duración y al número de combatientes de aquel célebre hecho de armas; y ello se explica claramente por la falta de documentos auténticos que hagan luz en esta cuestión, pues mientras unos dicen que duró "muy pocas horas", otros aseguran que duró "hora y media", y que participaron en ella 120 hombres de Milla, y 250 que se supone componían la vanguardia del General Morazán, no llegándose, por tal divergencia de opiniones, a ninguna conclusión positiva.

Se sabe que en el Archivo Nacional de Guatemala se encuentra el expediente del proceso que se siguió al coronel Milla por su derrota espantosa de La Trinidad; pero es probable que en dicho documento se han de encontrar muchos errores e inexactitudes, pues parece que el jefe derrotado trató siempre de ocultar la verdad de los hechos, tal vez por un remordimiento de conciencia o por vergüenza de su incapacidad como militar, pues ya se sabe que en aquella acción de armas, que se ha dado en llamar batalla, se enfrentó Milla con jefes y soldados bisoños, que hacía poco tiempo que habían principiado a manejar armas, y siendo él un antiguo sargento mayor de la Colonia y después coronel de la Federación, con un ejército veterano, claro está que nunca quiso confesar la verdad de aquel suceso, declarándose inocente y achacándole la culpa de su desastre a otras circunstancias que no dependían de él; pero es el caso que, si bien no cayó en completa desgracia personal con el Presidente Arce, en cambio sucedió que no pocos elementos del ejército le pusieron ojeriza y desconfiaron en lo sucesivo de darle mando directo, como aconteció en la tercera campaña que Arce organizó contra El Salvador. Estaba, pues, pagando su mal gobierno, como se dice en romance popular.

Para nosotros, fuera de otras consideraciones que pudiéramos hacer alrededor de la personalidad de don Justo Milla, con relación a su actuación pública, sus antecedentes biológicos, sociológicos y políticos, tiene un siniestro simbolismo, que debe estudiarse y meditarse hondamente por los hondureños idealistas, pues fue el primer hondureño de ambición desmedida, torva y diabólica, que vino a profanar su tierra nativa, en donde descansan los restos de sus mayores, y a impulsos de la pasión de venganza, porque diz que no se le había designado Jefe del Estado, en vez del Prócer Dionisio de

Herrera, que encarnaba las aspiraciones de la generalidad del pueblo, como luego se comprobó en la lucha armada; y por eso, sin duda, por ese error imperdonable que la Historia hace resaltar vivamente, con una trágica celebridad, es que los historiadores imparciales y los hombres de pensamiento libre, que han ahondado en la filosofía de los hechos, se explican por qué el coronel Milla tuvo la desgracia de caer mal con los partidos políticos de aquella época convulsiva, pues desconfiaban de él por sus desaciertos y por su falta de iniciativa personal en las cuestiones importantes que se le confiaban, y tal vez como un suplicio dantesco por los grandes dolores que le causó a su tierra maternal.

Bien merece el Dr. Durón los parabienes de la Patria hondureña por su nueva y prestante obra de divulgación de la ciencia histórica, con la cual ha venido a demostrar, una vez más, que su vitalidad intelectual es inagotable, paciente y heroica, cuando se trata de exaltar la memoria de nuestros próceres y de evocar las gestas imponderables de las inmensas luchas nacionales por el triunfo de la libertad.

Tegucigalpa, D. C., 3 de mayo de 1940.

LAS GRANDES MUJERES DE HONDURAS

Da. María Josefa Lastiri de Morazán

Muy poco se ha escrito y publicado acerca de la personalidad de la abnegada y heroica esposa del General Francisco Morazán, doña María Josefa Lastiri, tal vez por un olvido involuntario, o quizá porque no se le ha concedido el interés histórico que en verdad le corresponde, no solamente por haber sido la compañera fiel del Presidente de Centro América, sino también por su distinguido abolengo en la nomenclatura de las familias fundamentales que contribuyeron, de una u otra manera, a la formación de la nacionalidad hondureña.

Por esa misma falta de datos, a este respecto, ha dicho el historiador costarricense don Ricardo Fernández Guardia:

"Casi nada he podido averiguar acerca de doña María Josefa Lastiri, mujer que fue del General don Francisco Morazán. Me dicen que era natural de Texiguat en Honduras. Aquí llegó cuando su marido gobernaba el Estado (Costa Rica), en compañía de sus hijos Francisco y Esteban, a bordo de un barco expresamente fletado para traerla".

Doña María Josefa Lastiri nació en Tegucigalpa, en febrero de 1805, y fue hija legítima de don Juan Miguel Lastiri y doña Margarita Lozano, de familias distinguidas de la localidad.

Don Juan Miguel Lastiri, de origen español, figuraba como uno de los más fuertes comerciantes de la Provincia de Honduras, allá por el año de 1799, siendo, por consiguiente, una de las personas influyentes en el desarrollo de la vitalidad nacional, en aquellos años tan difíciles de las postrimerías del coloniaje en Centro América.

Doña Margarita Lozano, dama distinguida por su cultura y belleza, dejó una estela perdurable a su paso por la vida, pues fue la progenitora, juntamente con su esposo, de una prole de selección que, por la rama femenina, logró ejercer una marcada distinción en la vida de la naciente nacionalidad, por sus entronques y enlaces con personajes de gran relieve en la vida pública de Honduras.

Doña María Josefa Lastiri, siendo bastante joven, contrajo matrimonio con el rico propietario don Esteban Travieso, vecino de Tegucigalpa, allá por el año de 1818, y fueron a establecerse a la ciudad de Comayagua, en donde el señor Travieso poseía valiosos fundos, tanto en aquella ciudad como en el Valle de Comayagua.

De este matrimonio nacieron las herederas llamadas Ramona, Paulina, Tomasa y Esteban Travieso Lastiri.

Habiendo enviudado doña María Josefa, estando bastante joven y heredera de un buen capital, contrajo matrimonio, en segundas nupcias, en Comayagua, con el General Francisco Morazán, el año de 1826, cuando era éste Secretario General del Jefe de Estado don Dionisio de Herrera.

De este matrimonio sólo vino al mundo una hija, llamada Adela Morazán Lastiri, que fue, con el tiempo, la esposa del célebre Lic. Cruz Ulloa, que tanto actuó en la política salvadoreña.

Creemos oportuno hacer aquí mención del incidente de Ojojona, al parecer insignificante en la vida del General Morazán, a donde había llegado para reunirse con su familia, después de los sucesos de Comayagua, La Maradiaga y el Hato Grande, porque, entendemos, fue de gran trascendencia la violación del salvoconducto que le extendió el jefe militar Milla, siendo así capturado, por su buena fe al confiarse en aquel documento oficial, y llevado asimismo por su gran amor a su familia, al lado de la cual pensaba pasar tranquilamente después de las recientes fatigas de la guerra; pero, aquel suceso, como decimos anteriormente, que parecía sin mayor importancia, contribuyó grandemente, como el del Hato Grande, a marcar nuevos derroteros en la vida del ilustre paladín, para cuya comprobación no tenemos más que leer atentamente los preliminares de la historia de su vida luminosa.

Pudieran citarse otros hechos aflictivos en que la zozobra y la congoja golpearon fuertemente en el corazón de la señora Lastiri de Morazán, lo mismo que en el de su familia, como aquel del 16 de septiembre de 1839, en que ella fue reducida a prisión, juntamente con sus deudos inmediatos, amenazándolos de muerte, en aquel incierto día de San Salvador, por un grupo de conspiradores que trataban de deponer a su esposo de la Jefatura del Estado, cuando la invasión de los ejércitos de Honduras y Nicaragua, y fue en aquella ocasión memorable cuando el General Morazán pronunció estas palabras de temple espartano:

—"Los rehenes que mis enemigos tienen en su poder son para mí sagrados y hablan vehementemente a mi corazón. Soy el Jefe del Estado y mi deber es atacar; pasaré sobre los cadáveres de mi familia, haré escarmentar a mis enemigos y no sobreviviré un solo instante más a tan escandaloso atentado".

Y la señora Lastiri, por aquel acto heroico de su esforzado esposo, fue rescatada en unión de su tierna hija Adela y otros miembros de su familia.

Como consecuencia de los sucesos políticos de a principios de 1840, y en previsión de sus resultados, se embarcó doña María Josefa, el mes de marzo, con algunos de sus familiares, en el puerto de La Libertad, a bordo de la embarcación francesa "MELANI", y habiendo llegado al puerto de Caldera, en Costa Rica, dirigió al Jefe de aquel Estado, don Braulio Carrillo, la siguiente solicitud:

—"El temor a la revolución de los Estados de Honduras y El Salvador, me ha obligado a abandonar mi país y mucha parte de mi desgraciada familia para buscar en cualquier otro punto un lugar en donde vivir pacífica con el resto de aquella que he podido traer conmigo; y atendiendo a la paz de que goza este Estado, a las buenas circunstancias que lo caracterizan, y a los consejos de muchos de mis amigos, me he resuelto a venir a pedir un asilo, segura de que su gobierno protegerá la inocencia y permitirá internarme al punto que parezca más conveniente a mis circunstancias".

Y, como no se le resolviera satisfactoriamente su solicitud para ingresar a aquel país, se dirigió a la provincia de Chiriquí, República de Colombia, en donde se le unió el General Morazán en mayo de 1840, estableciéndose en la población de David.

Llega el aciago año de 1842, y el General Morazán es electo Jefe de Costa Rica, después de la deposición de Carrillo, y, a continuación de los trágicos acontecimientos que terminaron con el sangriento martirio del Prócer-Libertador, en aquel tenebroso 15 de septiembre, es cuando se hace más patético y cruel el lento viacrucis de la señora Lastiri de Morazán, estando pendiente sobre ella y su familia la más encarnizada amenaza que, afortunadamente, no llegó a realizarse, sobre todo en los funestos días en que se combatía contra su marido y los suyos en las calles de San José, cuando las chusmas ebrias de sangre pedían a gritos desaforados la cabeza de su esposo, las de otros jefes y las de sus familiares.

¡Ya puede imaginarse cuán grande sería la angustia y la desesperación de aquella heroica matrona en tan duro trance!

A principios de 1845, la situación de la señora viuda del General Morazán era tan desesperada, en lo económico, que se vio en la grave necesidad de dirigir al Gobierno de Costa Rica esta petición:

—"Supremo Poder Ejecutivo de Costa Rica.- María Josefa Lastiri de Morazán, vecina de Cojutepeque, con el respeto y consideración debidos, ante el Jefe Supremo del Estado digo: que, reducida como estoy a la desgracia consiguiente a los sucesos ocurridos en esa capital de San José el 15 de septiembre de 42, donde a la pérdida de mi bien amado esposo el señor Francisco Morazán, se siguió la de los pocos intereses que me quedaban para la escasa subsistencia de mi familia, me veo en la dura necesidad de reclamar de ese Supremo Gobierno el pago de la pequeña cantidad que en razón de sueldos se adeuda a mi difunto esposo como gobernante que fue de Costa Rica por espacio de cinco meses".

—"Si no fuesen tan públicos como son a todo el Estado y al mismo Jefe que tan dignamente rige hoy en Costa Rica los sacrificios de su fortuna y reposo que hizo Morazán para dar a los costarricenses un Gobierno de leyes y una patria, yo pintaría este hecho con los colores que merece y de él sólo deduciría la incuestionable justicia que me asiste para demandar en alta voz los sueldos que devengó mi marido en ese período. Diría que la actual prosperidad, la libertad ilimitada de que gozan esos pueblos y los altos destinos que en un porvenir quizás no lejano les aguardan, han sido comprados con la sangre de su libertador y compatriota generoso. Mas el pueblo mismo y la Asamblea toda en sus actas reconocieron de un modo explícito la legitimidad con que mi esposo gobernara el Estado; y esto basta para fundar en derecho la justicia del reclamo en cuestión, aun cuando la gratitud a sus servicios no hablara como habla en favor de esta demanda, la más interesante, la más justa y urgente que pudiera presentarse a un Gobierno como el de Costa Rica, ilustrado y recto".

—"Apoyada en tales seguridades y llena de la confianza que me inspiran los principios de equidad y justicia que rigen esa

Administración, no dudo que Ud. se servirá decretar el pago de los sueldos indicados y al mismo tiempo mandar se entregue su importe a mi apoderado D. Eduardo Wallerstein o D. Juan Mora".

—M. J. Lastiri de Morazán.

—"Esta reclamación —dice un escritor costarricense— ascendía a la suma de 625 pesos, porque en aquel tiempo el sueldo del Jefe del Estado era de 125 mensuales".

Y, seguido el expediente acostumbrado en estos asuntos, no le fue reconocida su reclamación, justa y humana, a la señora viuda del General Morazán.

En el testamento de éste se leen estos pasajes:

—"Declaro: que todos los intereses que poseía, míos y de mi esposa, los he gastado en dar un Gobierno de Leyes a Costa Rica, etc., etc."

—"El desorden con que escribo, por no habérseme dado más que tres horas de tiempo, me había hecho olvidar que tengo cuentas con la casa de Mr. M. Bennet, de resultas del corte de maderas en la Costa Norte, en las que considero alcanzar una cantidad de diez a doce mil pesos, que pertenecen a mi mujer, en retribución de las pérdidas que ha tenido en sus bienes pertenecientes a la hacienda de Jupuara, y tengo además otras deudas que no ignora el señor Cruz Lozano".

La famosa hacienda de Jupuara, que se menciona anteriormente, ocupaba una gran extensión del Valle de Comayagua, hacia el rumbo sureste, y de ella se hicieron después varias haciendas, y fue adquirida por doña María Josefa Lastiri, por herencia de su primer esposo don Esteban Travieso, y era tan valiosa esa propiedad que sus terrenos llegaban hasta Lepaterique; tenía hermosas casas de habitación y una capilla para oficios religiosos, cuyos restos existen todavía a inmediaciones de la casa principal de la actual hacienda de Valladolid, que también formó parte de aquel histórico fundo.

La señora viuda del General Morazán falleció en San Salvador, a fines de 1845 o a principios de 1846, pues no tenemos el dato preciso, y fue sepultado su cadáver en la iglesia del Calvario, de donde fue exhumado el 14 de febrero de 1849, cuando llegaron a aquella capital los restos mortales del amado e infortunado compañero de su vida, y ambos fueron inhumados, nuevamente, el 17 del mismo mes, con toda la solemnidad debida, en el suntuoso mausoleo que hizo levantar en el Cementerio General, a la memoria de ellos, el Gobierno salvadoreño, que en aquella época presidía el gran patriota don Doroteo Vasconcelos.

Con motivo de estos históricos funerales, el periódico oficial salvadoreño de entonces publicó estas sinceras frases:

—"Se han tributado los últimos honores a las cenizas del Genio de la Nación, del ínclito Morazán, llenando completamente el programa de esta fúnebre función, que insertamos en nuestro número del 10. A los seis años de su infausto fallecimiento ha venido a cumplirse su última voluntad expresada en los momentos más solemnes, al despedirse del mundo y de los hombres; se ha cumplido aún más allá, porque verificada la exhumación de los restos mortales de su virtuosa consorte, se han encerrado con los suyos en el propio mausoleo, unidos como existieron en el mundo y como deben existir en el cielo, si el Eterno ha oído las súplicas humildes del pueblo y las ardientes preces del Pastor de esta Grey".

Al anotar los datos anteriores acerca de una de las mujeres fuertes y de un destino trascendental en el desarrollo de la Historia Patria, nos hemos hecho esta sencilla reflexión: que ellas también son víctimas, casi siempre, del sino adverso que generalmente tienen los superhombres que les acompañaron en la vida, y que supieron marcar nuevas rutas a la Humanidad, con sus pugnas gigantescas, en cualesquiera de sus manifestaciones perdurables.

Al iniciar así la formación de la galería de las grandes mujeres de Honduras, que otros mejor preparados pueden ampliar, y en la que entendemos que bien podrían incluirse los nombres y los hechos de una Petronila Barrios de Cabañas, que, aunque nació en El Salvador, era hondureña de corazón, lo mismo que Anita Arbizu de Guardiola, que conservó la heroicidad hogareña de la clásica mujer de la Biblia, y que, como doña María Josefa Lastiri de Morazán, supieron sobrellevar, con serena dignidad, su inmenso infortunio, ¡más allá de la vida y de la muerte!

Tegucigalpa, D. C., 1° de mayo de 1941.

LA ICONOGRAFÍA MORAZÁNICA

Puede afirmarse que la iconografía del General Morazán está en razón directa del incipiente desarrollo del arte pictórico en Honduras, por las causas conocidas que no es del caso enumerar, y por ellas es aquella tan reducida, pues se conoce muy poco de la auténtica figura física de aquél, su verdadera personalidad exterior, pues los pocos retratos que de él se conocen, no parece que están de acuerdo con su forma corpórea, pues basta solamente con hacer una simple confrontación del retrato de perfil griego, que ha pasado a la posteridad, y es el que conocemos desde niños, con el retrato que lo representa de frente y con uniforme militar, para notar inmediatamente la gran diferencia que existe entre ambos, aun cuando se asegura que los dos retratos son exactos, y que sólo se diferencian por la posición en que aparecen.

Conocemos el boceto que muestra al General Morazán sobre su corcel de guerra, hecho en San Salvador, cuando emprendió su última campaña contra Guatemala, en 1840, y que dicen es de un gran parecido y de una marcada sencillez —como fue el original— al comentarlo algunos historiadores y personas contemporáneas que conocieron al ilustre Caudillo, constatándose que es completamente diferente a los que se ven en otros lugares, en que aparece el Prócer ostentando uniforme militar suntuoso que no corresponde a la verdad histórica, ni al temperamento y constitución psicológica de aquél; pero que se le ha puesto, indudablemente, para hacer resaltar la prestancia del Héroe en el espíritu del pueblo, amante de las cosas deslumbrantes e impresionantes, que hablan espontáneamente a su imaginación y sentimiento.

Asegura el doctor José María Cáceres, que fue amigo del General Morazán, y a quien trató muy de cerca, que éste "era blanco, ligeramente sonrosado, de cuerpo delgado, alto y recto; el conjunto de facciones constituía una fisonomía tan perfectamente delineada que, viéndola una vez, no se podía olvidar, recordando siempre mucho del tipo griego".

"Su semblante era sereno, agradable y simpático; a su presencia era imposible la enemistad: sus más encarnizados adversarios se rendían al irresistible prestigio que infundía el atractivo de su expresión". Que, durante los últimos años que vivió en San Salvador, en el desempeño de sus altas funciones de Mandatario, sólo una vez lo vio llevando uniforme militar, y fue en la fecha de su cumpleaños, el 3 de octubre de 1838; y que "su vestido oficial para asistir al despacho, era frac y pantalón negro, chaleco y corbatín blancos o negros, guantes de cabritilla o de gamuza, zapato bajo con hebilla, y sombrero alto y negro", como usaban todos los principales funcionarios de la federación.

Don Victoriano Rodríguez lo diseña así: "Era Morazán de figura recomendable, aunque no corpulento, bien formado. Su estatura física poseía todas las cualidades necesarias para una vida activa".

El nieto del General Morazán que más se parecía a él, de acuerdo con los datos apuntados anteriormente, fue Esteban Ulloa Morazán, que estuvo en esta capital, en 1908, en una misión confidencial del gobierno salvadoreño, y a quien conocimos en San Salvador.

Hasta ahora, entre nosotros, no se ha intentado bosquejar la pintura épica o histórica, por causas conocidas, es decir, por falta de ambiente propicio para el florecimiento artístico, que no en vano se ha dicho que las ciencias como las artes, su estado de desenvolvimiento o estancamiento, es la fiel expresión de la cultura y de la civilización de una entidad social, en cualesquiera de los períodos de su existencia.

Por lo que se refiere a la iconografía del General Morazán, puede considerarse inexistente, porque hasta ahora muy poco ha podido hacerse por ella en Honduras, y creemos, sin temor de equivocarnos, que hay temas de palpitante interés que están reclamando el pincel del artista, inspirado y patriota, para ser fijados en el lienzo inmortal, y, entre ellos, podemos mencionar estos: "Batalla de La Trinidad", "Sitio de Comayagua" (1827), "Combate de La Maradiaga", "Prisión del General Morazán en Tegucigalpa", "Retrato del General Morazán" (cuerpo entero, en traje civil y militar), "Captura del General Morazán en Ojojona", "Casamiento del General Morazán en Comayagua", y otros tópicos interesantes basados en la vida del Gran Paladín de la Unión Nacional.

Dos de los temas pictóricos indicados anteriormente, o sean "La Batalla de La Trinidad" y "La Captura del General Morazán en Ojojona", han sido tratados por el pintor don Alberto C. Ferrant, quien, así, ha abierto la ruta por donde otros artistas pueden transitar en busca de sus nobles realizaciones por lo que se refiere a la pintura histórica morazánica, ahora que se aproxima la conmemoración del Magno Centenario.

A este propósito, es bueno recordar aquí, que de los países de Hispanoamérica que más han hecho por exaltar la memoria de sus grandes hombres, los de la gesta emancipadora, por medio de las manifestaciones del arte pictórico, se encuentra en primera fila la Venezuela Heroica que inmortalizó don Eduardo Blanco, en donde la iconografía del Libertador Simón Bolívar no ha sido superada en ninguno de los otros países, en el culto patriótico por sus próceres, y, para comprobar esta afirmación, bastaría solamente con citar el nombre de los esforzados pintores venezolanos Martín Tovar y Tovar, Carmelo Fernández, Arturo Michelena y Tito Salas, que, con sus obras inigualables, supieron aprisionar en sus lienzos estupendos el esplendor inmarcesible de sus glorias patrias, y de una manera especial la del Libertador.

A esta misma clase de pintura, que conocemos, pertenece la prestante obra del artista guatemalteco Beltranena, que representa "La Conspiración del 5 de Noviembre de 1811", en San Salvador, y cuyo histórico lienzo se guarda como una joya de gran valor en el Salón de Honor del Ministerio de Relaciones Exteriores de aquella capital, en donde se admira con fervor patriótico el esfuerzo denodado de los beneméritos patricios que forjaron la nacionalidad a golpes de audacia y de una constante abnegación.

Entendemos que nuestros artistas del pincel, venciendo las estrecheces y sobreponiéndose a las miserias consiguientes, deben dejar una huella siquiera de sus capacidades artísticas, contribuyendo espiritualmente a sentar las bases de la pintura histórica nacional, y dejando así un recuerdo imperecedero de la figura gigantesca del más grande hombre de Centro América.

Tegucigalpa, D. C., 28 de julio de 1941.

CENTENARIO DEL "MANIFIESTO DE DAVID"

Uno de los documentos fundamentales del Archivo del General Morazán es, según creemos, el "Manifiesto de David", así llamado históricamente por haber sido escrito por aquél en la población colombiana de David, provincia de Chiriquí, durante su permanencia allá por más de seis meses.

Refiere la tradición, que tanto este escrito, como parte de sus Memorias, los redactó el General Morazán a su hijo Francisco y al coronel Cruz Lozano, bajo un arbolado situado frente a la casa que ocupaban, en las horas hábiles, pues el calor es tan sofocante en aquella zona, que hace que el trabajo intelectual resulte agotante, sobre todo para las personas procedentes de otras latitudes.

Esbozando un estudio del célebre Manifiesto, que hizo época en la vida política de Centro América cuando se publicó, bien puede decirse que es un tremendo "YO ACUSO" que el General Morazán lanzó valientemente contra un orden de cosas que ya no volvería a imperar como una nefasta supervivencia colonial; y, al hacer en él su autor un rápido recuento de la Historia Patria, pone este bello florón de su idealidad patriótica y profética, que ya se ha hecho clásico en la literatura política centroamericana:

—"Ni el oro del Guayape, ni las perlas del Golfo de Nicoya, volverán a adornar la corona del Marqués de Aycinena; ni el pueblo centroamericano verá más esta señal oprobiosa de su antigua esclavitud; pero si alguna vez brillase en su frente este símbolo de la aristocracia, será el blanco de los tiros del soldado republicano".

En tan corto como magnífico párrafo, no sabemos qué admirar más: si el palpitante nativismo de la prosa, el sentimiento libertario, o la admonición clarividente del gran escritor que había en el General Morazán, que escribía y pensaba sobre su bravo corcel de guerra, dando así ejemplo de su heroica dromomanía, única entre nosotros, y sólo comparable con la del Gran Iluminado de Casacoima.

El mejor de los biógrafos del General Morazán hace esta afirmación: "Durante la permanencia de Morazán en David, se dedicó al estudio de las ciencias políticas y sociales, y muy particularmente del derecho público constitucional. Estudió las formas de gobierno que regían a las diferentes repúblicas del Sur; rectificó sus errores en política y comprendió lo mal que había hecho en sostener la forma federal en Centro América y, deduciendo que la que más convenía a su patria era la unitaria central".

El ofrecimiento que, se dice, le hizo el Presidente del Perú, Mariscal Agustín Gamarra, para que fuera a hacerse cargo del Ministerio de la Guerra de aquel país, lo pone en duda el escritor peruano Dr. Enrique D. Tovar y R., en su valioso estudio intitulado Morazán en la Historia del Perú, por todas las razones que expone muy juiciosamente, y que nosotros consideramos de un gran poder convincente.

En David, es probable que el General Morazán haya de haber tenido los instantes más tranquilos, relativamente hablando, en su agitada existencia que, desde 1827, no había tenido un solo minuto de reposo, si es que nos atenemos a esa gran tensión espiritual y nerviosa en que se debaten los superhombres; y, por haber sido el asilo generoso del Prócer, en donde dio libre expansión a su espíritu con sus escritos fulminantes, que ha recogido la posteridad, es la causa por la cual el pueblo hondureño conserva un recuerdo venerable y simbólico de aquella antigua población de la Gran Colombia.

El General Morazán llegó al puerto de Chiriquí, en mayo de 1840, sin precisarse el día, y allí permaneció con su familia y compañeros de ostracismo durante algún tiempo, trasladándose después a David, en donde vivió varios meses, partiendo en seguida para el Perú, no sabiéndose la fecha en que emprendió su viaje; pero se supone que fue a fines de agosto o a principios de septiembre de 1841, pudiéndose decir que permaneció cuatro meses en la capital peruana.

A propósito de este viaje dice el Dr. Tovar y R., en su citado estudio:

—"Morazán embarcóse con rumbo al Callao, en compañía de algunos corifeos, entre ellos el General José Miguel Saravia y el Coronel Cruz Lozano. Pero al poner los pies en Lima supo que el Mariscal Gamarra no encontrábase allí, y muy poco después sorprendiéronle la noticia de su deceso en el campo de Ingavi, ocurrido el 18 de noviembre del 41. A quien saludó el ilustre viajero en el antiguo palacio de los virreyes, fue al doctor Menéndez, que ejercía la Presidencia, y don Manuel acogió al eminente hijo de Tegucigalpa con deferencia suma".

—"En la capital del Perú vinculóse el General Morazán con gente de valía. Hízose amigo del General José Rufino Echenique, más tarde Presidente de la República y hombre de grandes influencias en el mundo político. Varias familias distinguidas abriéronle sus salones, y recibió, en fin, múltiples pruebas de hospitalidad y afecto. Encontró en Lima, también, al General Pedro Bermúdez, el cual lo introdujo en el círculo de sus amistades, le significó sus simpatías frente a la campaña contra el carrerismo, y tanto que posiblemente fue en esa oportunidad cuando facilitóle aquellos diez y ocho mil pesos que, con sus réditos, declaró Morazán, en la primera cláusula de su testamento, adeudar al General peruano".

Estando amenazada Centro América por la ocupación de un poder extraño, en 1841, y refiriéndose a tal estado de cosas, dice el General Morazán en uno de sus escritos:

—"Pero cuando estas noticias fueron confirmadas por la proclama que con fecha 22 del próximo agosto expidió el Supremo Director del Estado de Nicaragua, y con el aviso de su Ministro, de 4 de octubre último, que recibí en Lima en los momentos mismos de embarcarme con dirección a la República de Chile, me decidí a unir mi suerte con la de sus defensores".

Termina el célebre Manifiesto del General Morazán, fechado en David, el 16 de julio de 1841, con estas palabras perdurables:

—"Porque la libertad que habéis combatido tantas veces, derramando la sangre de sus mejores defensores, ha recobrado el imperio del orbe, que por un don del cielo ejercía en los primeros tiempos. Los pueblos de ambos mundos profesaban ya su culto; los gobiernos del nuevo son obra suya, y los del antiguo caen y se precipitan a su voz para no reaparecer más sobre la tierra".

El General Morazán se reembarcó en el Callao, a principios del mes de enero de 1842, sin precisarse el día, tocando ligeramente en Guayaquil, Ecuador, y llegando al puerto de La Unión, en El Salvador, en la madrugada del 15 de febrero de ese año, yéndose pocos días después para Costa Rica, con el fin de llevar adelante el empuje mesiánico de su cruzada redentora, que culminó con su transfiguración en el cadalso político de San José, para llegar a convertirse en el símbolo más perfecto de la nacionalidad centroamericana.

Tegucigalpa, D. C., 16 de julio de 1941.

PRISIÓN Y FUGA DEL GRAL. MORAZÁN

Muy lacónico es el General Morazán al hacer mención en sus Memorias del espantoso crimen cometido en la hacienda del Hato Grande, situada a dos leguas al norte de Sabanagrande, pues sólo anota lo siguiente:

—"Como uno de los jefes de la fuerza que se disolvió en La Maradiaga, marché en busca del auxilio que mandaba el Vicejefe del Estado del Salvador. Pero este auxilio, que llegó a Tegucigalpa después de haberse rendido la plaza de Comayagua, era tan pequeño, que tuvo que retirarse hacia el Estado de Nicaragua. Los coroneles Díaz, Márquez, Gutiérrez y yo, buscando nuestra seguridad, acompañamos al jefe salvadoreño, que se retiraba a Nicaragua. Un incidente desagradable, que podía comprometer nuestro honor, nos obligó a separarnos de él en la villa de Choluteca, y a pedir garantías al coronel Milla para permanecer en Honduras. Nuestros deseos fueron satisfechos por este jefe, mandándonos el pasaporte con el mismo correo que condujo la solicitud. Al instante marché con dirección al pueblo de Ojojona para disfrutar, en unión de mi familia, de la gracia que se me concediera. Por un presentimiento, que jamás cupo en la confianza que me inspiraba la palabra de Milla, dichos jefes no corrieron la suerte que se nos aguardaba en aquel pueblo, y yo, víctima de mi credulidad, conocí, aunque tarde, lo poco que debe confiarse en los que defienden una mala causa. Diez horas después de haber llegado al pueblo que había señalado para mi residencia, fui reducido a prisión por el teniente Salvador Landaverri, de orden del mayor Anguiano, comandante local de Tegucigalpa, y conducido a aquella ciudad. A pesar de haber presentado a este jefe mi pasaporte, me hizo poner en la cárcel pública".

—"La seguridad de que en ese atentado no tuviera parte el coronel Milla, me hizo dirigirle una exposición en la que le expresaba, con bastante energía, los males que me ocasionaban sus ofrecimientos. La contestación de este jefe me dio a conocer el lazo que había tendido a mi confianza, y sólo procuré entonces los medios de evadirme de la cárcel".

—"Después de haber sufrido veintidós días una estrecha y penosa prisión, pude burlar la vigilancia de mis carceleros y retirarme a la ciudad de San Miguel. De allí pasé a la de León en busca de auxilio para volver sobre Honduras".

Glosando los párrafos anteriores de tan interesante narración, diremos que el incidente desagradable que se menciona consistió en el bárbaro asesinato cometido por unos oficiales y soldados de la tropa del coronel Cleto Ordóñez, a la cual se había unido el General Morazán y sus compañeros, a la salida de Tegucigalpa, como una garantía para sus personas, en su marcha hacia el sur, en busca de las fronteras, para ponerse a salvo de la persecución de sus enemigos.

Ese sangriento suceso fue el siguiente: A principios del mes de mayo de 1827, había llegado a la hacienda de Hato Grande el comerciante español don Miguel Madueño, originario de La Habana, procedente del Estado de El Salvador, conduciendo un gran lote de mercaderías, que era transportado en veinticinco mulas, y se dirigía al Departamento de Olancho, en donde se proponía efectuar su realización, y hacer su regreso por la Costa Norte hacia La Habana.

Al saber los dueños de las mulas, que eran también los mozos que ayudaban al señor Madueño en su travesía, que la ciudad de Comayagua había sido tomada por las fuerzas del coronel Milla, el diez del expresado mes, tuvieron temor de seguir adelante y dispusieron regresar a El Salvador, llevándose sus semovientes y dejando así abandonado al comerciante español en aquel sitio, con su valioso tesoro, y sólo en compañía de un criado de confianza y de algunas personas que cuidaban la hacienda.

El coronel Ordóñez, a su llegada a Sabanagrande con su gente, tuvo conocimiento de que el señor Madueño se encontraba en el Hato Grande, y se asegura que lo hizo conducir a su presencia, con un pretexto cualquiera, y, al dejarlo regresar, se había presentado una escolta y varios oficiales de Ordóñez en la casa de la hacienda, y al sólo verlos el infortunado Madueño, por su actitud sospechosa, quiso ponerse a salvo, echando a correr por el llano, frente a la casa de aquel fundo; pero, habiendo sido alcanzado por los criminales, fue bárbaramente asesinado a machetazos y a tiros de fusil, siendo arrojado el cadáver en una zanja, de donde fue sacado para ser sepultado por personas caritativas y por el criado de confianza que había logrado huir para no correr la misma suerte de su patrón.

Este hecho horrendo ocurrió el 13 de mayo del citado año, y, el día 16, intervino en su esclarecimiento la autoridad competente de Sabanagrande, y se practicó la exhumación del cadáver de la víctima, y fue trasladado a aquella población en donde se le dio cristiana sepultura, y se siguieron las averiguaciones del caso sin ningún resultado práctico.

Los asesinos cargaron con el tesoro de Madueño, que era en definitiva lo que se proponían hacer, sin tener escrúpulos de nada ni de nadie, ni importarles la deshonra del cuerpo militar a que pertenecían.

¡Y asegura la fantasía popular, que el alma desolada del infortunado señor Madueño, vaga inconsolablemente por aquellos históricos parajes!

El hecho de que el coronel Ordóñez no castigara a sus crueles subalternos fue la causa por la cual se separaron de él el general Morazán y sus fieles compañeros los coroneles Díaz, Márquez y Gutiérrez, en Choluteca, resolviendo el primero de éstos pedir garantías a Milla para vivir tranquilamente al lado de su familia en el lugar en que aquella se encontraba, y en donde fue capturado, llevado por su buena fe, al creer en la efectividad de un documento oficial de un jefe que era traidor a su patria.

El general Morazán fue hecho prisionero en Ojojona, el 6 de junio, a donde había llegado el día anterior, y habiendo sido conducido a esta ciudad, fue puesto en la cárcel pública el día 7, estando ésta en uno de los apartamentos de la Casa de Rescates, o Casa de Moneda, o sea la parte antigua del lado oriente del edificio que hoy ocupa la Tipografía Nacional; encerrándosele, como cualquier criminal vulgar, juntamente con otros reos que allí se encontraban, en un estrecho recinto, y en donde pasó penosamente, como él mismo lo dice, durante veintidós días, pensando secretamente en escaparse de sus verdugos.

Hay una tradición acerca de la fuga del general Morazán, que logró hábilmente burlar la vigilancia de sus carceleros, y de la cual poco se ha hablado, y es la siguiente:

Tenía más de diez días de estar en la prisión el general Morazán, cuando se fingió gravemente enfermo, diz que provocándose una gran irritación en las encías y en el interior de la boca, con substancias que no eran peligrosas, y simulando otros síntomas de grave enfermedad, por cuya razón se solicitó la intervención de un práctico-médico, para que atendiera al enfermo; y, con tal fin, fue designado don Manuel Midence, quien, después de varios días de tratamiento, diagnosticó que el paciente estaba atacado de escorbuto, y que, para hacerle un tratamiento especial, era de urgente necesidad que se le permitiera por el Juez que le juzgaba ser trasladado a su casa; pero es de entenderse que el "práctico" Midence, o estaba en el secreto que encerraba su diagnóstico, que favorecía en un todo al ilustre prisionero, o lo hacía por ignorancia de la materia de que trataba.

A las ocho de la noche del 28 de junio fue excarcelado; y, como ya todo estaba preparado sigilosamente por sus familiares y amigos, salió de su casa disfrazado de sacerdote y acompañado de dos humildes hombres del pueblo, uno de Comayagüela y otro de Curarén, y atravesó el Río Grande por el paso de "Martínez", y se dirigió a la casa de unos señores Hernández, en Comayagüela, cuyo sitio está entre la primera avenida y la tercera calle, en donde se le tenía preparada una buena bestia para emprender su viaje de libertad, en compañía siempre de los dos hombres que le habían seguido desde su casa.

Toda la noche del 28 y el día 29 de junio, caminó rápidamente el fugitivo hacia la frontera salvadoreña, siguiendo esta ruta ideal y probable: aldea de La Soledad, al suroeste de Comayagüela; entre Las Casitas y Mateo, montaña de Upare, Aguacatal, Guadalupe; al occidente de Ojojona, de Curarén, de Lauterique, de Caridad; entrando a El Salvador por Concepción de Oriente, de donde pasó a Santa Rosa, y de allí a San Miguel, en donde estuvo varios días, viniendo después al puerto de La Unión.

Cuando el 29 de junio, a las siete de la noche, se presentó el ciudadano Joaquín Espinosa, Alcalde 1° y Juez de 1ª Instancia del Partido, a notificarle un auto al prisionero, ya aquél se encontraba respirando aires de libertad en suelo salvadoreño.

—"En mi tránsito por el puerto de La Unión —dice el General Morazán— hablé por primera vez con don Mariano Vidaurre, que, como comisionado del Gobierno del Estado del Salvador, pasaba al de Nicaragua con el objeto de procurar un avenimiento entre el Jefe y Vicejefe de aquel Estado, que mutuamente se hacían la guerra. Vidaurre se interesó mucho por que se me auxiliase por este último".

Y, cosas misteriosas de la vida, don Mariano Vidaurre era cuñado del coronel Justo Milla, pues éste estaba casado con doña Mercedes Vidaurre, hermana de don Mariano; pero, no obstante estas relaciones familiares, Vidaurre y Milla eran enemigos irreconciliables y se odiaban cordialmente, y por esta razón se explica que el señor Vidaurre se interesara vivamente por el triunfo de la noble causa del General Morazán.

Y así tenemos que, en la formación de la inmensa personalidad del Héroe, estas etapas, al parecer sencillas y sin mayor trascendencia, son fundamentales en su carrera portentosa: sitio de Comayagua, suceso del Hato Grande, prisión en Ojojona, fuga de Tegucigalpa, entrevista con Vidaurre, que culminaron con el relámpago epopéyico de La Trinidad.

Si analizamos serenamente estos sucesos históricos, al parecer sin importancia en el misterio de las cosas humanas, llegaremos a la conclusión de que ellos formaron la base granítica en que descansa la eterna pirámide de la gloriosa acción de La Trinidad, que atestigua el genio portentoso del General Morazán, y desde la cual alzó su vuelo triunfal el bravío cóndor hondureño, para ir a posarse sobre el aristocrático Palacio de los Capitanes Generales de la antigua capital de Centro América.

Tegucigalpa, D. C., 25 de agosto de 1941.

FRANCISCO MORAZÁN AL PROCLAMARSE LA INDEPENDENCIA

En el curioso Censo de la ciudad de Tegucigalpa, levantado de enero a marzo de 1821, se encuentra esta interesante información:

"Casa 120.-Dn. Eusebio Morazán, hacendado, edad 50
Casado con Da. Guadalupe Quesada...... 56
hijos: FRANCISCO MORAZÁN, of. Pluma.. 28
Da. Marcelina Morazán, S............... 18
Da. Cesaria Morazán, S.................. 16."

Veintiocho años tenía, pues, el joven Morazán, al proclamarse la Independencia de Centro América, y fue entonces cuando el "hábil plumista", como le llama Marure, dejó el escritorio de don León Vásquez para consagrarse enteramente al servicio de la Patria, o como dice Hernández de León, "dejó el covachuelismo, que ejercía por las circunstancias y se enroló en la actividad política".

Todavía existe la casa que fue del Escribano don León Vásquez, con ligeras modificaciones, y está al occidente del Palacio Viejo, y fue allí, precisamente, donde Morazán adquirió del señor Vásquez los conocimientos en Derecho y otras experiencias fundamentales que tanto le sirvieron en sus futuras actividades de hombre público, durante su agitada actuación en el escenario político.

A esa temprana edad, en que todo es ilusiones y esperanzas para muchos hombres, ya el joven Morazán había templado su espíritu en las faenas del trabajo redentor, al lado de su padre, y tenía, por lo mismo, un concepto realista de la vida, y por eso sus biógrafos le señalan como una de las cualidades esenciales de su carácter la reconocida actividad y diligencia de que dio muestras siempre desde los primeros años de su vida.

Recuerdan las viejas crónicas que el joven Morazán era el "niño bonito" de Tegucigalpa; que le agradaba mucho andar a caballo, y que su simpatía era tan grande, que pronto se hacía querer, siendo así que su fluido magnético era de una fuerza irresistible, y por eso se explica claramente su reconocido donjuanismo de conquistador en el mundo de Citeres, que ha recogido la tradición, más que la Historia, por temores pueriles que bien se acomodan en medios de reducida perspectiva científica.

—"Morazán —dice el Dr. Vallejo— tenía dotes naturales bastante felices, maneras insinuantes y un gran talento militar: a esto se agregaba una figura elegante y simpática. Todavía se habla de su gentileza y gallardía".

Y el brillante mozo que era Francisco Morazán, al proclamarse la Independencia Centroamericana, con tan bellas prendas personales, con grandes aspiraciones de gloria, y dotado de un espíritu batallador en las lides de la vida, desde sus primeros años, no podía permanecer indiferente, antes y menos después de tan grandioso acontecimiento; y, a este respecto, dice don León Lozano, que en 1821 tenía quince años, en un documento escrito en San Salvador en 1879, lo siguiente:

—"Morazán fue encargado por el Jefe Político y Militar de Tegucigalpa, para ir con una escolta a encontrar a Gracias una conducta de ciento cincuenta mil pesos pertenecientes al comercio de Tegucigalpa, porque se temía que las autoridades de Comayagua la hiciesen presa".

Morazán después de una resistencia con una fuerza apostada por las autoridades de aquella ciudad, en la cuesta de "Los Manueles", fue hecho prisionero, llevado a Comayagua y encerrado en una bartolina, de donde salió después de muchos días de prisión, mediante los empeños de D. José María Cabañas, D. Esteban Travieso y el Deán Fiallos.

Lo demás de su conducta patriótica, en los sucesos que surgieron pocos meses después, como consecuencia del choque de ideas entre Tegucigalpa y Comayagua, por efecto de la Independencia, es de sobra conocido por todas las informaciones que nos proporcionan sus biógrafos a este respecto.

No creemos demás decir que los personajes citados anteriormente, que se interesaron por la libertad del joven Morazán en Comayagua, ejercían gran influencia en aquel medio, siendo don José María Cabañas padre del ciudadano que más tarde fue el General Trinidad Cabañas; don Esteban Travieso, rico hacendado que, después de su fallecimiento, su esposa que fue doña María Josefa Lastiri, se casó en segundas nupcias con el General Morazán; y el Deán Dr. Juan Miguel Fiallos, tuvo una marcada actuación en el gobierno eclesiástico de la Diócesis de Honduras.

Pero es de advertirse que Morazán, como afirman los historiadores, fue uno de los iniciadores de la Independencia en Honduras, juntamente con Dionisio de Herrera, Justo Herrera, Diego Vijil, León Rosa y José Antonio Márquez, y por eso es que ha puesto sus nombres en lugar preferente la Historia Patria, y así han recibido la justa consagración de la posteridad.

Tegucigalpa, D. C., 15 de septiembre de 1941.

¿ERA CATÓLICO EL GENERAL MORAZÁN?

Cuando se estudie serenamente la personalidad polifacética del General Francisco Morazán, con la mente libre de prejuicios de campanario, sectaristas y miopes, con vistas a la verdad científica, se llegará al convencimiento de que fue un revolucionario insigne que se adelantó muchos lustros, en Hispanoamérica, al triunfo de las ideas madres que estructuran el alma de las naciones.

Hay que tomar en cuenta que al Prócer sólo se le ha deturpado por sus enconados adversarios, sin reconocérsele ninguna virtud ni cualidad sobresaliente, lo cual es completamente absurdo ante la luz de la más elemental filosofía, pues es bien sabido que nada es absoluto en la vida, que todo es relativo y está sujeto a los altos y bajos de la apreciación humana, que por cierto no es infalible, pues está expuesta a todos los vientos de las pasiones, no siendo, por lo mismo, el fallo de los adversarios un veredicto que encierre un sentido justiciero y ecuánime de la enorme personalidad del Gran Reformador americano, que bien puede considerarse como uno de los gloriosos precursores del reinado de la verdadera libertad en la América indo-hispana.

Siempre hemos creído que las titánicas luchas del General Morazán tuvieron como finalidad inmediata el afianzamiento de los ideales positivos de la Independencia Centroamericana, si es que estudiamos con criterio elevado y patriótico ese ciclo fundamental de la Historia patria, pues hay que tomar muy en cuenta que el acto cívico del 15 de septiembre de 1821 fue solamente la expresión del sentimiento libertario de una selecta minoría intelectual criolla, en el asiento mismo de la Capitanía General, secundado después por esa misma clase de hombres, pensantes y patriotas, en los centros importantes de población del resto de Centroamérica, y sin que el pueblo, la inmensa mayoría de la clase desheredada de la fortuna, se impresionara vivamente por un hecho de tanta trascendencia, que no llegaba a apreciar debidamente por el estado de postración intelectual en que lo había mantenido el coloniaje ibérico.

Por eso se ha dicho, y creemos que con marcado fundamento, que la guerra por la Independencia en Hispanoamérica, en general, se hizo entre españoles peninsulares y españoles criollos, por conquistar el poder y el dominio del gobierno de estos pueblos, considerándose, en tal sentido, como una verdadera guerra civil, en la cual, los nativos, los aborígenes, los poseedores de la tierra, tuvieron que aprender, con el desgarramiento de sus propias carnes, a través de la magna lucha, a rendirle un culto sacrosanto a la verdadera libertad.

La gesta ciclópea del General Morazán, siguiendo este orden de ideas, tuvo, pues, como fin esencial, coronar victoriosamente la obra incompleta de la Independencia, al proclamarse ésta en la forma expuesta, y la cual fue confirmada con su sangre generosa de redentor de pueblos, en el patíbulo apoteósico de San José, en la fecha misma en que aquella fue proclamada, como para hacer más simbólica y eterna su consagración histórica.

Como resultado del triunfo del "Ejército Aliado Protector de la Ley", compuesto de hondureños y salvadoreños, en 1829, tuvo que enfrentarse el General Morazán, en Guatemala, con todos los prejuicios de la Colonia; con todos los vicios que se habían hecho crónicos durante tres siglos de dominación exótica; y, así fue que, al Vencedor, que no podía concebirse que fuera originario de una humilde provincia, de una modesta cuna, se le empezaron a formar en su camino triunfal toda clase de obstáculos, toda resistencia, por innoble que fuera, con tal de echar abajo los cimientos de su obra formidable de Libertador; y, así vemos que se inventaron contra él todos los epítetos hirientes para desacreditarle, como el de "hereje", "tirano", "excomulgado", "anticristo", y otros que, a los oídos de las gentes ingenuas, sonaban como vocablos infernales que infundían en ellas un gran pavor y desconcierto.

La participación del clero era franca y decidida en esta lucha, especialmente del clero español y muy escasamente del criollo, contra el General Morazán, por todas las razones de supremacía que aquél había ejercido durante varios siglos y que no esperaba abandonar, no obstante los anuncios innegables de las nuevas auroras que empezaban a esbozarse en el cielo de una naciente humanidad, surgida por efecto del comercio de las ideas en su marcha incontenible por los cauces infinitos de la renovación y del progreso.

Y, así vemos que, Fray Ramón Casaus y Torres, el aragonés Arzobispo de Guatemala, al enfrentarse directamente con el General

Morazán, a raíz de la victoria de éste, surgió, como era natural suponer, el choque inevitable entre las dos tendencias o doctrinas políticas que venían disputándose el predominio en Centro América, y sucedió a esto un estado de cosas que era irremediable en una revolución trascendental que sentó los fundamentos políticos y jurídicos de nuestros pueblos.

Uno de los hechos históricos por el cual se ha criticado acerbamente al Prócer, fue el fusilamiento del Padre Mariano Durán, ejecutado el 30 de octubre de 1838, en el campamento de "Fraijanes", después de haber sido vista su causa en tres consejos de guerra y de comprobarse plenamente su participación en la guerra que hacía Carrera, juntamente con otros sacerdotes como Aqueche, Jirón y Lobo, y por haber sido avanzado como combatiente en la sangrienta acción de armas de Villanueva, y no porque el General Morazán fuera enemigo de la Religión y del Clero, pues entendemos que sería un error lamentable confundir las creencias religiosas con los rudos ajetreos de la política militante, pues no se concibe como correcto que un representante de Cristo en la tierra se mezcle en las saturnales en que el hombre se ensangrienta las manos por la conquista de cosas temporales y efímeras, que no concuerdan con su apostolado de luz y de redención espiritual.

Por este y otros hechos anteriores, es que bien se explica el contenido del Decreto del Congreso Federal, fechado desde el 2 de mayo de 1832, por el cual se permitió la tolerancia de cultos, "declarando que todos los habitantes de la República eran libres para adorar a Dios, según su conciencia, y que el Gobierno nacional los protegería en el ejercicio de esa libertad".

Bien dice en sus "Memorias" don José Antonio Vijil, en relación con este tópico: "Yo no me propongo defender o juzgar los procedimientos del General Morazán, pero sí creo que era joven inexperto en una multitud de ideas, y muy especialmente en el arte de gobernar; lo cierto es que él jamás volvió a tocar ningún asunto de religión, y que cuando lo asesinaron, porque no puede dársele otro nombre a su muerte, dijo en su testamento que había rectificado sus ideas en la carrera de la revolución, y que muchos clérigos ilustrados y virtuosos seguían sus banderas, siendo pocos, y muy pocos, los que le combatían, y algunos de ellos que yo conocí y que no miento, porque respeto mucho la idea de paz con los muertos, tal vez lo hacían engañados por la malicia de cierta gente que no tiene respeto a nada".

¿Era católico el Gral. Morazán?

Que era católico el General Morazán, no cabe duda, a pesar de las diatribas de sus contumaces deturpadores de ayer y de ahora, pues no otra cosa se deduce de los actos esenciales de su vida, y de los recuerdos íntimos que se conservaron en el santuario de su hogar, y que han trascendido hasta nuestros días, al saberse que él pertenecía a la orden de San Francisco, desde su niñez, y que en la espiritualidad de su culto católico, sin hacer ostentación de ello, no era de extrañarse que siempre llevara una insignia interior, al lado de su corazón, que bien era una imagen de San Francisco o del Sagrado Corazón de Jesús.

Las creencias espirituales se afirman en los actos trascendentales de la vida de los hombres; y, por lo que hace al ilustre Paladín Unionista, no tenemos más que insertar aquí los siguientes conceptos del señor Vijil, contenidos en su trabajo relacionado, y que hacen luz sobre esta tesis, y cuando aquél era prisionero en Cartago:

—"Al día siguiente —dice— muy temprano, el quince, nos quitaron los grillos, y cuando estaban concluyendo esta operación, llegó un sacerdote anciano, cuyo nombre no recuerdo, y después del saludo a todos en general, se dirigió al General Morazán, bañado en lágrimas, con una voz profundamente notable, diciéndole, por dos o tres veces, estas palabras: 'General Morazán, vengo a ofrecerle mis servicios porque va usted, General Morazán, a comparecer ante el General de los Generales, ante el Héroe de los Héroes, ante el Príncipe de los Príncipes'". El General le decía, con su natural afabilidad: "Siéntese, señor"; pero el anciano sacerdote, lleno de dolor, y con el poderoso sentimiento de religión, repetía, como dije, aquellas palabras. Se nos mandó salir a don Francisco, a mí y a los centinelas, de donde puede decirse que el sacerdote logró su objeto, y puede también juzgarse, porque salió sin derramar lágrimas y lleno de consuelo".

Este acto prueba, pues, que el Mártir-Libertador se confesó pocas horas antes de que fuera asesinado, lo que demuestra efectivamente su fe católica, que se comprobaba, una vez más, con el testimonio perdurable y trascendental contenido en su testamento —el documento palpitante y fúlgido de su vida prócera— al iniciarlo con estas palabras de una sinceridad absoluta:

"EN EL NOMBRE DEL AUTOR DEL UNIVERSO, EN CUYA RELIGIÓN MUERO".

El anciano sacerdote que menciona el señor Vijil, y que, entendemos, no podía ser otro, por su jerarquía eclesiástica, que el Vicario Foráneo de Costa Rica, Presbítero don José Gabriel del Campo, residente en Cartago, tuvo el privilegio histórico de escuchar en confesión al Gran Paladín Unionista, cuando éste se preparaba heroicamente para ascender en triunfo épico a la región de una perpetua inmortalidad, sellando así su vida de católico convencido y de Apóstol ecuménico de los ideales redentores.

Tegucigalpa, D. C., 10 de noviembre de 1941.

GLOSANDO EL TESTAMENTO DEL GRAL. MORAZÁN

Tanto el Diccionario como nuestro Código Civil, en su artículo 864, definen claramente lo que es un testamento en su significación corriente, para los usos cotidianos; pero nada nos dicen, como es natural entender, acerca de que existen testamentos de testamentos, por la forma y las circunstancias en que fueron concebidos, escritos o redactados por sus autores, siendo tales documentos verdaderos monumentos históricos, que son como hitos perdurables colocados en la ruta de la Historia para señalar una época o un ciclo determinado de tal o cual porción del género humano.

Entre los testamentos célebres, en Hispanoamérica, tenemos el del Libertador Simón Bolívar, el del General Francisco Morazán y el del Capitán General Gerardo Barrios.

El de Bolívar, que dictó desde su lecho de moribundo al Notario Catalino Noguera, en la Quinta de San Pedro Alejandrino de Santa Marta, el 10 de diciembre de 1830, ante los testigos General Mariano Montilla, General José María Carreño, Coronel Belford Hinton Wilson, Coronel José de la Cruz Paredes, Coronel Joaquín de Mier, primer Comandante Juan Glen y Dr. Manuel Pérez de Recuero, y compuesto de catorce cláusulas, dice, en parte, en el preámbulo:

"Creyendo y confesando como firmemente creo y confieso al alto y soberano Misterio de la Beatísima y Santísima Trinidad, Padre, Hijo y Espíritu Santo, tres personas distintas y un solo Dios verdadero; y en todos los demás Misterios que cree, predica y enseña nuestra Santa Madre Iglesia, Católica, Apostólica, Romana, bajo cuya fe y creencia he vivido y protesto vivir hasta la muerte como católico fiel cristiano, para estar prevenido cuando la mía llegue, con disposición testamentaria, bajo la invocación divina, hago, otorgo y ordeno mi testamento en la siguiente forma:"

Principia encomendando su alma a Dios Nuestro Señor, etc., etc., y entra en los detalles consiguientes a la distribución de su reducido haber material, por efecto de sus larguezas de manirroto, al decir de su hermana María Antonia, pues ya entonces sólo contaba con las no muy ricas minas de Aroa, situadas en la provincia de Carabobo; pero, dejando, en cambio, una fabulosa riqueza de pueblos libres en el mundo americano.

El testamento del Libertador no contiene palabras acibaradas de acusación, pero sí las contiene su prestante "Manifiesto a los Colombianos", que bien puede considerarse como una parte importantísima de su testamento, por cuanto él contiene declaraciones de su última voluntad, cuando dice:

"Mis enemigos abusaron de vuestra credulidad y hollaron lo que me es más sagrado, mi reputación y mi amor a la libertad. Yo los perdono".

"¡Colombianos! Mis últimos votos son por la felicidad de la Patria. Si mi muerte contribuye a que cesen los partidos y se consolide la Unión, yo bajaré tranquilo al sepulcro."

El testamento ológrafo del General Morazán, compuesto de siete cláusulas, y escrito en tremendas circunstancias, después de varios días de sangrienta lucha, y con la ruda amenaza de un pueblo ávido de venganza, es digno de estudiarse y analizarse minuciosamente, como si fuera un documento sagrado, pues él contiene la síntesis lumínica de aquel Gran Espíritu que se encarnaba en la figura corpórea del Prócer, y tomando, asimismo, en consideración, que para escribirlo, solamente le dieron sus verdugos el escaso tiempo de tres horas, después de la agitación de la marcha desde Cartago, herido como venía, en unión de Villaseñor, que era conducido agonizando, y de los demás jefes prisioneros, y en medio de un ambiente cargado de espeluznantes presagios y de trágicas venganzas.

Basta con pensar un momento siquiera en este caso culminante de la vida del General Morazán, para comprender la grandeza y el temple de aquella alma predestinada, pues ¿qué espíritu, por poco sensible que sea, no se siente hondamente impresionado; no se conmueve con vehemencia, al imaginarse solamente los contornos tenebrosos de aquella escena dantesca en que el Héroe escribió con sangre del espíritu, como quería el filósofo, su testamento inmortal en San José, venciendo con su genio y su entereza la cobardía de sus asesinos, imponiéndose así a las ciegas pasiones de los hombres y exclamando como un nuevo Redentor de la Humanidad:

—"Declaro que no tengo enemigos, ni el menor rencor llevo al sepulcro contra mis asesinos, a quienes perdono y deseo el mejor bien posible".

Que digan todos los detractores del General Morazán si esta filosofía no encierra el contenido mesiánico de todos los grandes reformadores del espíritu que han ofrendado su sangre, en todos los tiempos y lugares, para abrir nuevas brechas de luz en la conciencia de la Humanidad redimida por el triunfo de la Verdad, la Justicia y la Libertad.

Este documento fulgurante es el pedestal inconmovible de la gloria imperecedera del inmenso Reformador Nacional, pues está formado con palabras perdurables, como si fuesen bloques de granito extraídos del corazón de los Andes hondureños.

En el testamento del Capitán General Gerardo Barrios, terminado a las tres de la mañana del 29 de agosto de 1865, dándole seis horas para dictarlo, ante el Escribano José Alvarenga y los testigos General Santiago González, José Antonio Arévalo y José Zárate, y compuesto de diecinueve cláusulas, se leen estas declaraciones:

—"Muero bajo la Religión Católica, Apostólica, Romana, creyendo en Dios y en todos los misterios de la Religión".

Este documento es muy explicativo en asuntos importantes del Estado, con respecto a la administración pública que presidió el General Barrios, desvaneciendo todas las calumnias que acerca del testador habían acumulado sus encarnizados adversarios, en relación con el manejo de los fondos nacionales.

Cuando el ilustre Presidente de Costa Rica, Dr. José María Castro, por decreto de 6 de noviembre de 1848, dispuso la entrega de los restos mortales del General Morazán al Gobierno de El Salvador, que presidía don Doroteo Vasconcelos, comisionó a los señores Coronel José María Cañas, de origen salvadoreño, y Presbítero Ramón María González, para que llevaran tan sagrados despojos; y fue entonces cuando los mismos comisionados fueron portadores del testamento original del ex Presidente de Centro América, como una reliquia, igualmente, de inestimable valor, la cual obraba en poder de doña

Adela Morazán de Ulloa, hija del Patricio, pasando después a poder de sus herederos legítimos, a su fallecimiento ocurrido en 1921, en la ciudad de Santa Tecla, República de El Salvador.

Asegura la tradición que el General Morazán llamó a su hijo Francisco, de quince años de edad, para redactarle su testamento, y que, como éste se emocionara intensamente al principiar a escribir, derramando copiosas lágrimas, el General le reconvino fuertemente, tomando él la pluma y escribiendo su célebre documento, en el cual, hasta muchos años después, se advertían las huellas de las lágrimas vertidas en él por su hijo.

Publicamos, por primera vez en Honduras —si no estamos equivocados—, una copia exacta del comentado manuscrito, todo de acuerdo con el original relacionado.

CARÁTULA DEL TESTAMENTO IN SCRIPTIS DEL GENERAL MORAZÁN

(Sello).–Judicatura de San José, septiembre 15 de mil ochocientos cuarenta y dos.–RAMÓN CASTRO, Juez de 1ª Instancia de este Departamento de San José.–Certifico: que el señor General Francisco Morazán me ha entregado, ante testigos que suscriben, este pliego cerrado, manifestando que es su última voluntad en testamento cerrado, y firma conmigo y dichos testigos.–Ramón Castro, F. MORAZÁN, Dionisio Mora, Apolonio Savorío, Simón Tapia, José Vega, Gregorio Castro, Féliz M. Castro, Jorge Peinado, Nicolás Castro, Pedro Morales.

San José, septiembre 15 de 1842, día del aniversario de la Independencia, cuya integridad he procurado mantener.

"En nombre del Autor del Universo, en cuya religión muero,

Declaro: que soy casado y dejo a mi mujer por única albacea.

Declaro: que todos los intereses que poseía, míos y de mi esposa, los he gastado en dar un gobierno de leyes a Costa Rica, lo mismo que dieciocho mil pesos (18.000) y sus réditos, que adeudo al señor General Pedro Bermúdez.

Declaro: que no he merecido la muerte porque no he cometido más falta que dar libertad a Costa Rica, y procurar la paz de la

República. De consiguiente, mi muerte es un asesinato, tanto más agravante cuanto que no se me ha juzgado ni oído. Yo no he hecho más que cumplir las órdenes de la Asamblea en consonancia con mis deseos de reorganizar la República.

Protesto que la reunión de soldados que hoy ocasiona mi muerte la he hecho únicamente para defender el Departamento de Guanacaste, perteneciente al Estado, amenazado, según las comunicaciones del Comandante de dicho Departamento, por fuerzas del Estado de Nicaragua. Que si ha tenido lugar en mis deseos el usar después algunas de estas fuerzas para pacificar a la República, sólo era tomando de aquellos que voluntariamente quisieran marchar, porque jamás se emprende una obra semejante con hombres forzados.

Declaro: que al asesinato se ha unido la falta de palabra que me dio el comisionado Espinac, de Cartago, de salvárseme la vida.

Declaro: que mi amor a Centro América muere conmigo. Excito a la juventud, que es llamada a dar vida a este país, que dejo con sentimiento por quedar anarquizado, y deseo que imiten mi ejemplo de morir con firmeza antes que dejarlo abandonado al desorden en que desgraciadamente hoy se encuentra.

Declaro: que no tengo enemigos, ni el menor rencor llevo al sepulcro contra mis asesinos, a quienes perdono y deseo el mayor bien posible.

Muero con el sentimiento de haber causado algunos males a mi país, aunque con el justo deseo de procurarle su bien, y este sentimiento se aumenta porque, cuando había rectificado mis opiniones en política, en la carrera de la revolución, y creía hacerle el bien que me había prometido para subsanar de este modo aquellas faltas, se me quita la vida injustamente.

El desorden con que escribo, por no habérseme dado más que tres horas de tiempo para morir, me había hecho olvidar que tengo cuentas con la casa de Mr. Marcial Benett, de resultas del corte de maderas en la costa del Norte, en las que considero alcanzar la cantidad de diez a doce mil pesos, que pertenecen a mi mujer en retribución de las pérdidas que ha tenido en sus bienes pertenecientes a la hacienda de Jupuara, y tengo además otras deudas que no ignora el señor Cruz Lozano.

Quiero que este testamento se imprima en la parte que tiene relación con mi muerte y los negocios públicos.

—F. MORAZÁN

En el Testamento y Manifiesto del Libertador Bolívar, como en los testamentos del General Morazán y del General Barrios, se encuentran declaraciones trascendentales que concuerdan admirablemente en el pensar y en el sentir de sus ilustres autores, pues todos ellos hacen franca confesión de sus creencias religiosas; se duelen de la incomprensión de sus contemporáneos; perdonan a sus enemigos y manifiestan sinceramente el estado de pobreza a que llegaron por haber alentado elevados propósitos en favor de la liberación de los pueblos, lo que constituye, precisamente, la grandeza y la gloria de los superhombres; de los locos sublimes y de los eternos Quijotes que son el asombro y el prestigio del mundo, a través de todos los ciclos históricos.

¿No os acordáis de Jesucristo y de los grandes iluminados que derramaron su sangre fecunda por redimir a los hombres de la eterna esclavitud de la materia, para elevarlos a las regiones del espíritu?...

Para eso sirve la Historia, la ciencia madre de las relaciones políticas y sociales que, como alguien ha dicho certeramente, "es la política del pasado, como la política es la Historia del presente", o como decía el gran orador Cicerón, "que el que no conoce la Historia, toda la vida será un niño".

La intelectualidad hondureña, desde antaño, por la expresión de sus autorizados representativos, e interpretando fielmente el pensamiento del más caracterizado de sus compatriotas, que encomendó a la juventud del Istmo la realización de su Gran Ideal, ha hecho un justiciero elogio del testamento y de la obra liberatriz del Prócer, y así recordamos el pensamiento del Dr. Soto que, siendo Presidente de la República, anotaba elocuentemente:

—"El testamento del General Morazán casi no se conoce, cuando es la hoja en que debieran aprender a leer los niños de Centro América. Ese documento venerable es la oración del patriotismo que las madres debieran hacer rezar a sus hijos al dormirlos en sus blancas cunas, para que todo centroamericano desde la infancia sepa que no tiene patria".

Y, el Lic. Jerónimo Zelaya, al inaugurarse el monumento del Héroe, en esta capital, el 30 de noviembre de 1883, dirigiéndose a la juventud, exclamaba con unción patriótica:

—"Recoged de Morazán sus últimas palabras, su testamento inmortal, en que os lega, con el recuerdo de su inmenso infortunio, la defensa y el sostén de la noble causa por la que rindió con serenidad su hermosa vida".

¡Para nosotros los hondureños —ya lo hemos afirmado— la personalidad del General Francisco Morazán, a través del tiempo y del espacio, por todas sus luchas epopéyicas, será siempre, por antonomasia, el PADRE DE LA PATRIA CENTROAMERICANA!

Tegucigalpa, D. C., 20 de noviembre de 1941.

EL GENERAL MORAZÁN EN CARTAGO Y LOS RESTOS DEL MARISCAL LA MAR

Hay muchos temas y afirmaciones alrededor de la vida del General Morazán, que han sido tratados ligeramente por algunos historiadores y escritores, que es necesario estudiar detenidamente para poder comprobar su veracidad o certeza, para que no se tengan como leyendas de un escaso valor en las especulaciones históricas que necesitan de una efectiva exactitud, de acuerdo con sus postulados científicos; y, entre esas leyendas, nos vamos a referir, por ahora, a la que se refiere a la última noche del General Morazán en Cartago, —en relación con los restos del Mariscal don José de La Mar,— y a donde llegó en la mañana del 14 de septiembre de 1842, después del desastre de San José, durante los días 11, 12 y 13, para ser traicionado, una vez más, y ser engrillado, befado y escarnecido por sus implacables victimarios, pero dándoles un ejemplo perdurable de su gran entereza de carácter y enseñándoles cómo se vive, se lucha y se muere por el triunfo de un ideal sacrosanto.

Refiere esto en sus "MEMORIAS" don José Antonio Vijil:

"Llegamos a la propia casa de Mayorga. Allí estaba don Félix Espinosa que había llegado con el objeto de hacer la exhumación del cadáver del General Lamar, peruano, que había sido sepultado en Cartago, y quería el General Morazán obsequiar al Perú aquellas estimables reliquias para la Nación. Estaban en la urna que de delicada madera y con preciosos adornos, se había preparado en la misma pieza en que tuvo lugar la más triste y lamentable escena".

El historiador costarricense, don Ricardo Fernández Guardia, dice a este respecto:

"El general don Pedro Bermúdez, que le había prestado a Morazán en el Perú el dinero para su expedición a Costa Rica, le pidió que, en caso de tener buen éxito, le remitiera los restos mortales del Gran Mariscal don José de La Mar, fallecido en Cartago el año de 1830, proscrito de su patria. Para cumplir la promesa hecha por Bermúdez, Morazán mandó fabricar una urna de madera preciosa, que hoy está en el Museo de Lima. El 9 de septiembre de 1842 se exhumaron solemnemente las cenizas del primer Presidente constitucional del Perú, depositándose la urna que las contenía, cerrada con llave de oro, en la sala de recibo de la casa de don Pedro Mayorga, Comandante de la plaza de Cartago, al cuidado de don Félix Espinosa que debía conducirlas al Callao; pero debido a una serie de circunstancias que han sido relatadas por el Lic. Cleto González Víquez, la urna no pudo llegar a su destino hasta varios años después. El primer obstáculo que surgió para emprender el largo viaje, fue la rebelión del 11 de septiembre, que hizo imposible el traslado a San José; de suerte que en la sala de Mayorga encontró la urna Morazán por la mañana del 14".

Nuestra duda resalta con respecto a las aseveraciones anteriores, de que los restos mortales del Mariscal de La Mar se encontraban dentro de la urna en la sala de recibo de la casa de Mayorga, si es que nos atenemos al contenido oficial del acta que aparece inserta por el escritor peruano don Manuel Vicente Villarán en su "Apéndice al folleto Narración Biográfica del Gran Mariscal D. José de La Mar", publicado en Lima en 1847, y la cual dice textualmente:

"El trece del propio mes y año (septiembre de 1842): advirtiendo el Jefe Político Departamental, y el Padre Vicario del Estado, que no puede efectuarse la entrega de los restos del finado General señor José de La Mar, de que habla el acta anterior, al Sr. Félix Espinosa, comisionado por el Jefe Supremo General Morazán, para que los conduzca a la ciudad de San José donde él reside, siendo la causa de no entregarse la transición política contra el Gobierno actual que incidió en estos días, por cuya razón no debe estar el expresado Jefe Supremo en disposición de recibirlos para remitirlos al Perú, hemos determinado encargar al señor Cura interino de esta ciudad, que se halla presente, disponga se custodien los referidos restos con la urna que los deposita en una pieza de la Iglesia parroquial, hasta que por el Gobierno Supremo del Estado se disponga su remisión al Perú; y habiendo aceptado el padre cura referido el encargo antedicho, lo firma con los ante-expresados, por ante mí el Secretario del Jefe Político, de que doy fe.

—José Gabriel del Campo. —Telésforo Peralta. —Rafael del Carmen Calvo. —Joaquín Esteban Peralta."

Esta acta fue escrita al pie del acta de exhumación de los restos del Mariscal de La Mar, y las personas que intervinieron en este acto fueron de indiscutible honorabilidad, y por esta razón merece toda fe en la comprobación de este hecho histórico.

Algunas semanas después de estos hechos, el sucesor de Pedro Mayorga en la Comandancia de Cartago, que lo fue Juan Freses Neco, le decía a su Superioridad, "que tenía conocimiento por medio de una comunicación que había recibido, que el señor Máximo Cordero quiere furtivamente apoderarse de los huesos del finado General La Mar", y que por tal causa había dispuesto "asegurarlos hasta que el Gobierno disponga lo que convenga con estos restos", y que "para verificarlo con las formalidades correspondientes, es necesario que la llave de la urna en que deben colocarse se exija al capitán Félix Espinosa, prisionero de la extinguida división invasora, la que por noticias de la esposa de Mayorga, es de oro", y que "hiciera que el expresado Espinosa exhiba la llave de dicha urna que tengo en mi poder" (Cleto González Víquez. "Peruanos Ilustres en Costa Rica. – 1829-1837").

Y, lógicamente se comprende, que si la llave de oro de la urna permanecía en poder del Capitán Espinosa, era porque aquélla no se había usado para el fin indicado.

Resumiendo, pues, los datos expuestos anteriormente, podemos afirmar con visos de certeza, que los restos mortales del Mariscal de La Mar, permanecieron en la Iglesia Parroquial de Cartago, al cuidado del Cura interino Presbítero Rafael del Carmen Calvo, que fue el mismo que auxilió espiritualmente al ilustre peruano en su último instante, y que la urna de preciosa madera, con chapa y llave de oro, que obsequió el General Morazán para ser depositados y ser conducidos aquéllos al Perú, se encontraba aquélla solamente en casa de Mayorga, al pasar el Prócer inmortal, en la citada fatídica mansión, su última noche en la vida en unión de sus fieles compañeros de infortunio.

Tegucigalpa, D. C., 29 de mayo de 1942.

ALGUNOS DATOS ACERCA DE LA MUERTE DEL GENERAL MORAZÁN

Ha sido necesario que transcurriera un siglo para que la personalidad del General Morazán, después del análisis hecho por historiadores y escritores de reconocida competencia e imparcialidad, tanto de Centro América, como de otros países, para que ella se afianzara en la conciencia universal, lo cual tiene una clara explicación, al afirmarse que la Historia es el crisol en que se funden todas las tendencias, aspiraciones, sentimientos, pasiones y modalidades de los hombres, en constante pugna, que impulsan a la Humanidad en su marcha hacia la renovación y el progreso; y por eso es que, en tal proceso de integración y desintegración, de afirmaciones y rectificaciones, —que dijéramos,— es que se aquilatan y se purifican las personalidades de los super-hombres que marcan nuevos senderos a los pueblos con sus grandes proezas por la liberación de los mismos.

A este propósito, recordamos que fue preciso que se cumplieran cien años para que terminara la pugna crítico-histórica acerca del tenebroso crimen de BERRUECOS, que terminó con la vida del Gran Mariscal de Ayacucho, Antonio José Sucre, pudiendo ahora decirse con toda certeza quiénes fueron los autores de aquel espantoso crimen, después de tan dilatado proceso en que jugaron un papel preponderante las pasiones y los intereses localistas de muchos personajes que tuvieron una destacada actuación pública en aquel período crucial de la Historia de los países suramericanos que surgieron a la vida de la libertad al conjuro del genio del Libertador Simón Bolívar.

Un siglo, pues, es tiempo suficiente para poder aquilatar y depurar a los protagonistas y a los sucesos de tal o cual período de la Historia; y, por lo que a Centro América se refiere, no creemos estar en un error, al afirmar que la personalidad del General Morazán, después de tal período de prueba y de crítica enconada y despiadada de los contumaces enemigos de su gloria, ha quedado consagrada y purificada de los errores que, como hombre, pudo haber cometido en su gloriosa carrera libertadora, y se ha convertido en el símbolo más luminoso de la Patria Centroamericana, en general; y, como el genio tutelar de la nacionalidad hondureña, en particular, pudiendo afirmarse que, decir MORAZÁN, equivale a mencionar a Honduras, pues es indudablemente el legítimo representativo de la hondureñidad en la concurrencia de la vida internacional.

Algunos historiadores retardados en su evolución intelectual y psicológica, han pretendido empequeñecer la figura del Prócer, en todas sus manifestaciones, no reconociéndole ninguna cualidad estimable, ningún noble propósito en bien de la Gran Patria; y esto sólo puede explicarse por los excesos de un criterio enfermizo o por un prejuicio heredado de sus ancestros para con el inmenso reformador que sentó las bases de la verdadera Independencia de Centro América.

De esta guisa hay infinidad de casos que podrían citarse para comprender el origen del odio que todavía se cierne inmisericorde contra la gloria luminosa del General Morazán, y que no es del caso explicar ahora para no ahondar divisiones que no tienen razón de ser, puesto que ya la Historia justiciera ha pronunciado su fallo imparcial, y como un tributo, igualmente, a su memoria imperecedera de Precursor y de Mártir de un gran ideal de redención humana, que sólo las pasiones y la ignorancia han puesto en entredicho hasta ahora, a pesar del veredicto reconocido que le ha consagrado definitivamente, pasando así a ocupar una galería preeminente entre los genios que honran eternamente a la Humanidad.

Se ha escrito mucho acerca de la muerte del General Morazán, tanto en su defensa como en su contra, tanto de parte interesada como de parte imparcial; y, después de hacer un estudio sereno de muchos de esos enjuiciamientos, se llega forzosamente a esta sencilla conclusión:

—El General Morazán, llevado por su buena fe, por su alteza de propósitos idealistas, por su ilimitada confianza en los hombres, por su abnegación mesiánica al servicio de la Gran Causa Centroamericana, por su carácter bondadoso, y no habiendo sido sanguinario, como lo reconocen sus más rudos adversarios, fue víctima de una celada tenebrosa, de una traición diabólica, que la Historia imparcial ha analizado minuciosamente, y ha dado su fallo severo e inapelable, que ya no se discute porque se considera concluyente, después de un siglo de estar en el tapete de la discusión.

Y, si hemos de ser concretos en nuestra apreciación, diríamos escuetamente: Se llamó al General Morazán a Costa Rica, para botar del poder a don Braulio Carrillo, para después deshacerse de él, valiéndose de todos los medios posibles, por deshonrosos que fueran, sin que para ello mediaran sentimientos de gratitud y de reconocimiento por haberles quitado el yugo de la tiranía, y por haber hecho que en aquel Estado surgiera la libertad y se reorganizara constitucionalmente. Se quería que el General Morazán fuera un instrumento de venganza; y muchos de los mismos que le aclamaron como su libertador, que los supo distinguir, que se hacían pasar como adversarios irreconciliables de Carrillo, fueron de los mismos que meditaron y prepararon el plan infamante para derrocarle y asesinarle bárbaramente.

¿Os acordáis de los hermanos Alfaro, de Mayorga, de Espinach y del aventurero Pinto? ¿Os acordáis de otros personajes que también rindieron pleitesía al General Morazán, que le adularon hasta la humillación, y que después fueron sus más furiosos deturpadores?

Misterios del alma humana, que la psicología de la Historia ha recogido como casos típicos de la formación del alma de los pueblos, y que han sido estudiados y clasificados con un criterio científico eminentemente imparcial.

Tantos pormenores se han dado a conocer de los sucesos que culminaron con la muerte del General Morazán, que resultaría largo repetirlos aquí; pero sí, creemos conveniente hacer notar, que muy pocos de sus autores quisieron hacerse responsables de aquel crimen, fingiendo conmiseración, declarándose arrepentidos, y siendo muy contados, entre ellos los iniciadores de la rebelión, o sean Luz Blanco, el Presbítero Manuel Gutiérrez y Domingo Carranza, que no negaron su odio y su rencor para con el Mártir Libertador, y tuvieron siquiera la franqueza de considerarse como autores declarados de la caída y muerte del Héroe en aquel aciago 15 de septiembre de 1842; y, para justificar este fenómeno histórico, de que nadie quería hacerse responsable de aquel espantoso asesinato, no tenemos más que reproducir el curioso documento, en que el célebre "Tata Pinto" o el "Viejo Pirata", como le decían al portugués Antonio Pinto, pedía que se le acuerpara en su responsabilidad por la muerte del General Morazán, y, al efecto, el 15 de noviembre de 1843, expuso a la Asamblea Constituyente costarricense, lo que sigue:

—"Sin entrar en pormenores de las causas que dieron origen a la revolución, diré solamente que cuando los pueblos se pronunciaron en contra de la Administración del General Morazán, me proclamaron su jefe poniéndome a su cabeza, cuyo nombramiento no fue seguramente porque yo posea las aptitudes que deben adornar a un general y sí creo que fue efecto de la confianza que mi conducta les ha inspirado. Yo tal vez habría resistido a aceptar el cargo si considerando que estos hombres serían sacrificados, estrellándose en el desorden consiguiente a su desorganización, si no había quien regularizase la revolución, o si vencían por sí mismos envolverían el Estado en una espantosa anarquía, cuya consideración, unida a la de que ninguno de los hombres capaces quería comprometerse, me obligó a dar a la revolución la mejor dirección que mis casi ninguna aptitudes alcanzaban, contando con el auxilio de los demás hombres pensadores".

"Me vi colocado a la cabeza del ejército y entonces mi primer cuidado fue economizar la sangre centroamericana, tan preciosa para mí. Con este fin, habiendo el General Morazán propuesto un tratado de paz, se la ofrecí gustoso, garantizándole su vida y propiedades. Con ocasión de haber reproducido él otra comunicación pidiendo las mismas garantías para todo su ejército y viendo yo el disgusto general con que se había recibido el ofrecimiento que yo le había hecho, quise preparar a mis soldados a usar de generosidad con los que ya podía llamar vencidos; pero no hubo uno solo de ellos que manifestara agrado a la medida con que yo quería protegerlos. Con todo, atendiendo más a la humanidad que al clamor del pueblo, había ya finalizado la contestación para el General Morazán en que con la paz le brindaba toda especie de garantías y ya la iba a remitir, cuando en ese mismo instante se me dio el parte de que todo el ejército sitiado había roto la línea y había marchado con dirección de Cartago".

"Temiendo que si el General quería fortificarse allí comprometiera a sus habitantes, que ya se habían pronunciado por nuestra causa, mandé una parte de mi ejército a su alcance, el que cuando llegó a la plaza de aquella ciudad ya encontró presos a los

Generales Morazán, Villaseñor y otros individuos, todos los cuales fueron conducidos a esta capital el 15 de septiembre. Mientras esto sucedía vi, no sin terror, la exaltación del pueblo que pedía a gritos la muerte de los dos prisioneros, amenazando que si no la mandaba ejecutar en aquellas personas, de su propia autoridad les quitarían la vida no sólo a éstos, sino a todos los demás prisioneros, a los Diputados de la Asamblea desconocida y a otros muchos costarricenses que habían tenido más o menos participación en la Administración de aquel General y, entre éstos, a mí, porque no hacía la voluntad de los pueblos. Esta voz terrible pasaba de fila en fila entre los soldados y era proferida aún por las mujeres y los niños de la manera más imponente, añadiendo que no dejarían pasar el día sin que verificasen su amenaza. En vista de esto, calculé que en efecto cumplirían sus promesas; que en este caso, sin que se salvasen los Generales Morazán y Villaseñor, iban a ser sacrificados de la manera más atroz todos los restos del ejército federal y muchos costarricenses; que estos excesos no se limitarían aquí, sino que, acabando con estas personas, convertirían su furor contra sí mismos y comenzarían de nuevo a correr ríos de sangre; que el General Saget, que se hallaba en el puerto con parte de la fuerza del General Morazán, aprovecharía el desorden y vendría a vengar a su jefe y compañero y, a consecuencia, haría desaparecer el Estado. Tales consideraciones me pusieron en la dura necesidad de mandar ejecutar a los Generales Morazán y Villaseñor, no permitiendo las circunstancias trámite alguno ni más tiempo que el de tres horas para que se dispusieran a la muerte".

"Inmediatamente ofrecí garantías en su vida y propiedades a los demás individuos que componían el ejército vencido".

Con esta exposición, quería "Tata Pinto" que se reconocieran sus actos durante los quince días que tuvo de hecho en sus manos el Gobierno; pero la Asamblea resolvió, que no estaba dentro de sus facultades aprobar o improbar su actuación en aquella emergencia, con lo que se comprende claramente que aquélla no quería sancionar el asesinato del General Morazán, que había provocado justa indignación en el mundo civilizado, cayendo así toda la responsabilidad en Pinto y en sus consejeros, quedando, por último, esta delicada cuestión sin resolverse, por temor, sin duda, de que la sanción histórica cayese igualmente sobre otros personajes políticos que después tuvieron destacada figuración en Costa Rica.

Pero, como dijimos anteriormente, al cabo de un siglo de un riguroso proceso alrededor de los trágicos acontecimientos de 1842, en San José, se ha hecho la luz suficiente para comprenderlos en toda su magnitud, y para llegar a admirar efusivamente la gloria imperecedera y la grandeza inigualable del GRAN PALADÍN CENTROAMERICANO.

Tegucigalpa, D. C., 7 de mayo de 1942.

LA BANDERA FEDERAL

Ya flote altiva al viento de la gloria
o se desmaye en trágica derrota,
siempre será la insignia del patriota
que persigue la fúlgida victoria.

Ella evoca los bélicos confines
que surcaron las huestes legendarias,
cuando animó las luchas libertarias
al frente de los bravos paladines.

En un sueño romántico se avista
la joya milagrosa de mi tierra,
que, lo mismo en la bárbara conquista,

como en los rojos delirios del Istmo,
que esteriliza la sangrienta guerra,
¡es talismán de cívico heroísmo!

UNA COMISIÓN DE LA SOCIEDAD DE GEOGRAFÍA E HISTORIA EN GÜINOPE

Habiendo acordado esta Sociedad, en la sesión general ordinaria que celebró el día 8 de febrero último, tomar participación en la conmemoración del Primer Centenario de la muerte del Prócer Francisco Antonio Márquez, se dispuso que una comisión de su seno fuera a Güinope a visitar la tumba de éste y a cambiar impresiones en tal sentido con la Honorable Corporación Municipal de aquella población, la cual fue integrada por los siguientes socios: Dr. Esteban Guardiola, Presidente de la Institución; Lic. Félix Salgado, Lic. Luis Landa y Br. Salvador Turcios R., Secretario, yendo también el maestro don Medardo Cerrato Valle, habiendo estado en aquella localidad el domingo 10 del presente mes, en cumplimiento de su patriótica misión, y fue recibida muy atenta y cordialmente por la Honorable Municipalidad.

Después de significar la comisión, la Municipalidad y numerosos vecinos su simbólico homenaje ante la tumba del Prócer, se efectuó la sesión especial en el Ayuntamiento, en la cual se sentaron las bases para la conmemoración que se proyecta, y como un principio para su efectividad, se levantó una contribución voluntaria para el arreglo preliminar de la tumba, que ha permanecido en completo olvido, y se hizo la elección del personal del COMITÉ PRO-CENTENARIO DEL PRÓCER MÁRQUEZ, el cual quedó formado así:

Presidente Honorario: Ciudadano don Manuel Rodríguez Flores
Presidente efectivo: Señor Alcalde Municipal don Félix Izaguirre
Vocal 1.°: Don Pablo Aguilera
Vocal 2.°: Don Lorenzo Romero Z.
Tesorero: Don Manuel Aguilar
Secretario: Profesor don Camilo Zelaya C.

Tanto la Sociedad de Geografía e Historia, como el Gobierno y la Municipalidad de Güinope, tomarán la debida participación en la rememoración de esa importante efemérides, por tratarse de la exaltación de uno de los personajes históricos que dieron lustre y renombre a nuestra Patria en el pasado, y que perduran como nobles ejemplos de patriotismo y de sabiduría en el desenvolvimiento de la vida azarosa de Honduras.

Por el momento, según sabemos, ya dieron principio los trabajos en el arreglo del sitio donde descansan los restos mortales del Presbítero Márquez, y con esto ya se ha conseguido que aquellos no desaparezcan del todo, como hubiera sucedido dentro de poco tiempo, por el olvido en que estaban.

¡Bien hacen los pueblos e instituciones que saben honrar la memoria de sus prohombres, porque así se honran ellos mismos y cumplen con un precepto elemental de justicia social!

Marzo de 1940.

EL PADRE MÁRQUEZ

(Al Doctor Rómulo E. Durón)

Ya oficiando en el Ara divina,
o evocando a la Patria irredenta,
siempre tuvo la fe peregrina
que domeña la duda o la afrenta.

Y su ilustre existencia prócera,
que la Historia consagra anhelante,
es un timbre de gloria primera
que proclama su esfuerzo triunfante.

Y por tan sobrehumana proeza,
de luchar con valor y nobleza
por lograr su patriótico afán,
es que Honduras exalta su nombre,
como hermano idealista del Hombre
que encarnó el General Morazán!

Salvador Turcios R.
Tega., D. C., febrero 1.° de 1942.

LA BIOGRAFÍA DEL PADRE MÁRQUEZ

Con motivo de la publicación de la "Biografía del Presbítero don Francisco Antonio Márquez", por el Dr. Rómulo E. Durón, en 1915, el Dr. Paulino Valladares escribió una PELÍCULA HISTÓRICA, que insertó editorialmente en El Cronista, y en cuyo escrito decía, entre otras cosas, las siguientes:

"Varias veces oí decir que el Presbítero Francisco Márquez era de origen italiano. Jamás me inclinó la curiosidad hacia la investigación de esa leyenda, y menos cuando me recordaba que los Márquez que vinieron a este país fueron chapetones, por el patronímico. Sin embargo, la especie que corre acerca de que el General Morazán desciende de los Morazani de Córcega, y la circunstancia de registrarse en la nomenclatura de otras familias de procedencia europea apellidos italianos, me hacía pensar que aquella aseveración podía estar fundamentada".

"Dice el señor Durón que en un día de septiembre de 1787, como a las siete de la noche, don Juan Manuel Márquez, saliendo de la casa de su hermano, el padre cura Juan Francisco, se tropezó en el zaguán con un hombre desconocido, quien le hizo entrega de una cesta. El citado don Juan Manuel regresó al interior de la vivienda y con la ayuda de la luz vio el contenido, que era un niño gracioso de doce meses, bautizado, según constancia que el bebé llevaba consigo. Doña Francisca Márquez, que se hallaba en casa del cura, le cobró súbita afición y cariño a Francisco Antonio, nombre que también acompañaba al expósito".

"Hay, pues, suficiente prueba para establecer el hecho de que Francisco Antonio no era Márquez. El apellido se lo regalaron por el acto de la adopción. ¿A qué familia pertenecía entonces? Este capítulo debió investigar el Dr. Durón, para que los hondureños supiéramos si la biografía trata de un Márquez auténtico o de un individuo a quien el destino condujo a extraño hogar donde la caridad lo acogió y favoreció. Claro es que el mérito del hombre en nada mengua por las complicaciones de su nacimiento".

Y, para finalizar su artículo, el Dr. Valladares, después de hacer otras interesantes consideraciones, agrega: "¿Sería hijo del cura don Juan Francisco, del caballero don Juan Manuel o de doña Francisca Márquez? ¿Sería de sangre italiana? Sobre esto desearía yo conocer la opinión del biógrafo estudioso y apreciable".

Creyendo nosotros que uno de los datos fundamentales para el estudio de los grandes hombres es el que se refiere al conocimiento de sus progenitores, por todas las razones que sería largo enumerar, nos hemos puesto a cavilar, a leer y confrontar papeles viejos que han estado a nuestro alcance, para ver si es posible comprobar quiénes fueron los padres del Prócer hondureño Francisco Antonio Márquez, pudiendo así afirmar, tal vez audazmente, y sin temor de equivocarnos, que éste fue hijo del recordado Padre Cura don Juan Francisco Márquez, o Márquez el viejo, como también así se le llama, y de una prima suya, si nos atenemos, en parte, al texto de la nota que inserta el Dr. Durón en la primera página de su citada Biografía:

—"Ya en prensa este escrito, hemos encontrado la partida de bautismo del P. Márquez, de la que aparece que el Reverendo Padre Fr. Antonio Judas Riguelmi, Maestro en Sagrada Teología, Comendador del Convento de Nuestra Señora de Mercedes, solemnemente suplió las ceremonias del bautismo, puso óleo y crisma a un niño expuesto que trajo cédula o carta de estar bautizado, de lo que se hizo indagación suficiente y por lo que constaba ser de padres ESPAÑOLES OCULTOS, que se llamaba Francisco Antonio de Santa Olaya y que nació el 12 de febrero de 1786".

También, en confirmación de nuestra creencia, publicamos aquí esta otra importante partida de bautismo:

—"En la Iglesia Parroquial de San Miguel de Tegucigalpa, a 4 de mayo de 1802.

"Yo el infrascrito Cura Vicario y Juez Ecco. de este Beneficio, bauticé solemnemente un niño que nació el 3 de marzo, a quien puse por nombre José María Antonio de la Cruz, hijo natural de María Antonia Márquez, esclava de doña María Francisca Márquez. Su madrina doña Ana Josefa Lardizábal, a quien advertí su obligación y espiritual parentesco. —FERMÍN RECONCO".

La hermandad del Presbítero Francisco Antonio con el Coronel José Antonio Márquez, relacionada con la partida anterior, no se pone en duda, y el mismo Dr. Durón, en su comentada Biografía, dice lo siguiente en el Capítulo XVII:

—"El 25 de marzo de 1832, víspera de la célebre batalla de Jaitique, fue día de dolor para Márquez, Jefe del Estado. Este, el día 22, comprendiendo lo grave de su enfermedad, depositó el mando en D. Francisco Milla, Presidente del Consejo, y dirigió a los hondureños una proclama en la que se despedía de ellos y los exhortaba a continuar con valentía por la senda gloriosa que el honor traza".

—"El Presbítero Márquez tuvo la satisfacción de ver honrada la memoria de su hermano por decreto de 10 de febrero de 1833, en que la Asamblea mandó pintar un cuadro en que aparecía el árbol de la libertad un tanto inclinado, y al pie una figura de ángel con un bastón en la mano, en ademán de sostenerlo, con esta inscripción: "Aquí yace el genio del Benemérito e inmortal Jefe Supremo, ciudadano José Antonio Márquez, que falleció el 25 de marzo de 1832 en los momentos de la gloriosa batalla de Jaitique".

Y, si analizamos lógicamente los datos anteriores, se llega sencillamente a esta conclusión:

Si el Padre Márquez era hermano del Coronel Márquez, como se prueba anteriormente, era precisamente porque tuvieron el mismo o los mismos progenitores, al principio desconocidos para el Padre Márquez, de lo que se hizo investigación suficiente y por lo que consta ser de padres ESPAÑOLES OCULTOS; no sucediendo lo mismo con el Coronel Márquez, al consignarse en su partida de bautismo, que es hijo natural de María Antonia Márquez, esclava de doña María Francisca Márquez, hermana del Padre Cura don Juan Francisco Márquez, el viejo Cura de Tegucigalpa, el mismo que terminó la construcción de nuestra Iglesia Parroquial en 1782, lo mismo que la Iglesia de Los Dolores; y, por tales razones, y otras más, tenemos la firme convicción de que el Presbítero Márquez, el joven, era hijo del viejo Cura Márquez, y por lo cual fue recogido, criado y educado por su tía doña María Francisca, a quien él consideraba como su verdadera madre.

Por tal circunstancia, se asegura, que no pudo terminar su carrera eclesiástica en Guatemala, en donde se le presentaron toda clase de obstáculos, y sólo pudo hacerlo en Tegucigalpa, por las grandes influencias de su padre y de él, hasta el día 20 de junio de 1810, siendo consagrado por el Obispo de Nicaragua Fray Nicolás García Jerez, que entonces se encontraba en esta ciudad, y quien, según afirma el Dr. Durón, le confirió órdenes particulares, mayores, en la Iglesia Parroquial, extra témpora celebrantes, para el sacro Presbiteriado. El título fue expedido en León el 8 de agosto siguiente.

A todo lo anterior, bien podríamos agregar, en afianzamiento de nuestro aserto, el diálogo que cita el ilustre biógrafo, que dice sostuvieron en Guatemala, en 1822, el Arzobispo Fray Ramón Casaus y Torres y el Padre Márquez, cuando éste iba como Diputado por Honduras al Congreso Constituyente de México, y del cual copiamos solamente esta parte:

—Arzobispo: ¿Quién es Ud.?

—Márquez: Márquez.

—A: ¿Hay otro Márquez?

—M: Clérigo, sólo yo.

—A: ¿No habría otro?

—M: Ya murió. Yo he de ser ese...

¿Intentaría decir el Presbítero interrogado...? Bien podría ser así.

No cabe duda que la personalidad del Padre Márquez es de gran relieve en el panorama historial de nuestra patria, no solamente por la nebulosidad de su nacimiento, sino también por su prestancia conspicua en la eclosión de las ideas madres que tanto renombre dieron a Honduras en el ciclo morazánico, en la era renacentista de esta parcela ístmica, cuando nuestros ancestros soñaban, luchaban y morían gloriosamente por el triunfo de ideales redentores.

El Prócer Francisco Antonio Márquez falleció en Güinope el 16 de abril de 1842, a la edad de 56 años; y, como muy bien dice el fecundo historiador Dr. Durón, en su mencionada Biografía:

—"La Historia de Honduras no se ha escrito aún; cuando se escriba, el nombre de Francisco Antonio Márquez brillará en sus páginas con fulgor de gloria, ocupando el lugar reservado únicamente a aquellos que, por consagrar su alma, su corazón y su actividad al bien general, merecen el nombre de PADRES DE LA PATRIA".

Tegucigalpa, D. C., 16 de abril de 1941.

EL NARANJO DEL PADRE MÁRQUEZ

Este recordado Padre Márquez, el romántico discípulo de Cristo; el soñador sacerdote que tuvo tan discutido origen en la vida; el amador penitente de la libertad, que fue amigo cordial del General Morazán; y que intentó romper una ley y tradición de la religión católica, permitiéndose el casamiento de los sacerdotes, con gran escándalo de la grey indígena, fue, indudablemente, uno de los ilustres próceres que se ufana en exaltar la Musa heroica en esta parcela del Istmo Centroamericano.

Leyendo la datología relacionada con su destacada actuación pública, durante el ciclo magno de la formación de la hondureñidad, nos encontramos con un acervo caudaloso que justifica plenamente el concepto que el hombre estudioso nuestro tiene formado acerca de la conspicua personalidad del Padre Francisco Antonio Márquez, no solamente por la halagadora posición económica de sus ascendientes, en línea paterna, que le permitió la honra, en aquella época, de hacer sus estudios en Guatemala, sino también por su fuerte riqueza espiritual, por su noble aporte intelectual que le prestó a la gran causa de los hombres libres de Centro América, en los períodos difíciles en que le tocó actuar durante su fecunda existencia.

Hacer la biografía del Padre Márquez, es escribir la Historia de Honduras, desde la Independencia hasta el aciago año de 1842, en que él falleció, cinco meses antes del glorioso sacrificio del General Morazán, pues fue tan activa su prestancia en el escenario político nacional, que sería imposible pretender suprimir su figura prócera de la placa cinematográfica de los episodios caballerescos y fundamentales de aquel período rutilante de nuestro país.

Un suceso que contribuyó poderosamente en el derrotero de su vida, fue el Decreto del 27 de mayo de la Asamblea del Estado, de 1830, de la cual fue Presidente el Padre Márquez, en virtud del cual podían contraer matrimonio los eclesiásticos seculares, teniendo (aquel) su origen, según opinión del Dr. Ramón Rosa, en interés amoroso, pues el Presbítero Márquez amaba con uno de esos amores ardientes y avasalladores que no reconocen obstáculos, a CARMEN

113

LOZANO, dama muy principal de Tegucigalpa, y quería unir eternamente su suerte a la suya; pero, no habiendo podido realizar sus ansiadas esperanzas, porque la adorada de su corazón sintió probablemente escrúpulos y temores por aquella unión; y, el romántico sacerdote, el soñador penitente de la libertad, tal vez despechado y herido en lo más hondo de su reconocida altivez, buscó refugio en la soledad del campo, retirándose a vivir, recordando su pasado, al pintoresco pueblo de Güinope, en donde se consagró de lleno a las labores agrícolas, haciendo el experimento de nuevos cultivos para aquella localidad, entre ellos, el café, los perotes, las uvas, los naranjos y otros más, los que hasta ahora han contribuido para la existencia y desarrollo de aquel exuberante lugar.

Refiere la tradición que, ya en los últimos meses de su vida, el Padre Márquez se puso a cuidar, con paternal cariño, en un sitio especial de su habitación, un pequeño árbol de naranjo, y que les decía a sus deudos:

—Quiero que, cuando yo muera, siembren este naranjo sobre mi tumba, y si se desarrolla y florece, es que mi alma se ha salvado.

Así lo hicieron sus descendientes, y es, hasta ahora, el único testimonio que le indica al visitante que llega al Cementerio de Güinope, el humilde sitio en donde descansan los restos mortales de aquel ilustre Prócer hondureño.

—Lo curioso de todo esto, lo sobrenatural, que dijéramos, nos dice una persona investigadora, es que hace como un año, se dispuso hacer la limpieza de aquel Cementerio, y, por ignorancia o por error, es el caso que fue cortado el histórico naranjo, quedando el tronco como de una vara de alto, completamente podado, pero, a pesar de tan rudo maltrato, el buen árbol continúa en pie, resistiendo las inclemencias del tiempo.

—¡Es que el alma luminosa del Padre Márquez —decimos nosotros— no ha muerto y continúa floreciendo, dando magníficos frutos, en esta sección de la Gran Patria Centroamericana!

Tegucigalpa, D. C., 15 de noviembre de 1939.

EL PADRE MÁRQUEZ-EDUCADOR

> "Fue sacerdote, pero fue hombre".
> —José Antonio Valladares.

No pudiera considerarse de otra índole psicológica, quien, a la temprana edad de 22 años, siendo de ascendencia noble y rico por herencia; es decir, un hombre privilegiado en aquella época de las postrimerías de la Colonia, que tuvo la firme entereza de revelar, con un hecho trascendental, su vocación educativa y liberatriz, al concederle la libertad a los esclavos que habían pasado a su poder por legado de su tía y madre de crianza, doña María Francisca Márquez, con cuyo acto, efectuado en 1808, al fallecimiento de aquélla, se adelantó a la declaratoria de abolición de la esclavitud hecha muchos años después en otros países civilizados.

¿No acusa este noble gesto un temperamento educativo y emancipador? ¿No es esto educar por medio de la libertad?

Los grandes libertadores han sido siempre grandes educadores; y el Padre Márquez, en la relatividad de nuestro medio, lo fue en grado eminente, y, para comprobar esto, no tenemos más que seguir atentamente la trayectoria de su vida prócera, a través de todos sus actos de hombre público y de obrero conspicuo de la estructura de la hondureñidad.

Fue Vice-Rector del Seminario de San Agustín de Comayagua, en donde tuvo a su cargo las cátedras de Latinidad y de Filosofía, en 1810, pues el Padre Márquez, que hizo sus estudios en la Pontificia Universidad de Guatemala, era Bachiller en Filosofía, Derecho Civil y Derecho Canónico, y estaba, por lo mismo, capacitado para desempeñar eficientemente sus labores educativas y culturales, como lo demostró en los años de su existencia, por cuya razón se le ha calificado "COMO EDUCADOR Y PROMOTOR DE LA CULTURA DE HONDURAS".

Llevado por esta misma vocación, cuando era Cura de Texiguat, fundó en aquella población un centro de enseñanza, que gozó de prestigio en aquella lejana época, y a donde eran enviados muchos jóvenes, tanto de Tegucigalpa como de otros lugares del país, a prepararse en los conocimientos elementales que les abrirían el camino para seguir estudios superiores.

Entre los alumnos distinguidos que tuvo a su cuidado el Padre Márquez, pueden citarse, entre otros, a don Joaquín Rivera, que llegó a ser Jefe del Estado; don Benito Morazán, hermano menor del Paladín Unionista; y los ilustres cachorros del bravo León de Jaitique —el Coronel José María Gutiérrez— o sean sus hijos don Carlos y don Enrique Gutiérrez, que fueron dignos herederos del renombre de su esforzado progenitor.

Por esa misma tendencia y disciplina educativa, animada por su reconocido patriotismo, fue que el Presbítero Márquez, cuando era Diputado en la Asamblea Constituyente de Guatemala, en 1823, puso todo su empeño en lograr, como en efecto lo consiguió, juntamente con la buena voluntad de otros patriotas hondureños, que se hiciera la reconciliación entre Tegucigalpa y Comayagua, que habían permanecido en estado de honda rivalidad por efecto de los acontecimientos que se sucedieron entre las dos provincias como consecuencia de la proclamación de la Independencia.

Sólo este hecho de gran importancia nacional, le acredita como hábil diplomático y como hombre de amplia visión hondureñista, que la posteridad debe recoger con gratitud imperecedera.

De su actuación pública puede decirse: que fue Diputado electo, aunque no llegó a su destino, al Congreso Constituyente de México, en 1822; Diputado a la Constituyente de Centro América reunida en Guatemala, de 1823 a 1824; y Senador al Congreso Federal, en 1826.

Fue asimismo Diputado y Presidente de los Congresos del Estado de Honduras, desde 1829 hasta 1837, y en todas esas ocasiones su actuación fue decisiva en las resoluciones trascendentales que entonces se dictaron para la orientación y afianzamiento de la naciente nacionalidad.

Por su aspecto intelectual de educador, fue que se concibió la idea de rendirle un homenaje simbólico a su esclarecida memoria, con motivo del Centenario de su fallecimiento, tal día como hoy, al insinuar que la parcela de tierra que él cultivó con sus propias manos, en Güinope, se destinara para un HUERTO ESCOLAR, en el cual hicieran sus prácticas agrícolas los alumnos de las escuelas de aquella localidad; y que, en el sitio del mismo terreno, que ocupó su casa de habitación, se construyera un edificio, aunque fuera modestamente, para instalar en él la BIBLIOTECA MÁRQUEZ, siendo todo esto como un recuerdo cultural y educativo de la labor efectiva que desarrolló el Prócer en bien del progreso de aquella población, al enseñarles a sus habitantes, por medio de su ejemplo edificante, a cimentar su libertad por medio de la independencia económica, proporcionándoles los conocimientos necesarios para establecer nuevos cultivos que han llegado a constituir el patrimonio de aquella exuberante región.

Ese hubiera sido el mejor tributo rendido a la memoria luminosa del ilustre Prócer, en la primera centuria de su desaparecimiento de la vida.

Pero esta idea, entendemos, no morirá del todo, pues día ha de llegar en que tenga una feliz realización, y esto precisamente marcará uno de los jalones fundamentales de la evolución intelectual de aquella pintoresca localidad.

No queremos terminar estos renglones volanderos, sin mencionar siquiera otro de los atisbos educativos y clarividentes del Padre Márquez, ya al final de su vida, pues diz que en su lecho de moribundo, rodeado de las personas de su afecto, predijo todas las calamidades que se sucedieron en el país, entre ellas, la sangrienta guerra civil de 1844, afirmando, asimismo, que en lo sucesivo ya no se lucharía por el triunfo de altos ideales, sino por la conquista del poder por el poder mismo, y haciendo otros vaticinios que llegaron a confirmarse con una exactitud desconcertante.

El célebre naranjo que él ordenó se sembrara en su tumba, y que era el único símbolo que la custodiaba, hasta 1940 en que se construyó una plataforma sobre ella, se secó por efecto de la construcción de esta obra, pero la tumba no se perdió; y, si hemos de ser un tanto supersticiosos, bien podríamos decir que la profecía del Padre Márquez, a este respecto, se cumplió igualmente, pues el naranjo floreció casi un siglo, señalando su tumba, a través de todas las inclemencias del tiempo, y sólo se secó cuando ya la posteridad amparaba aquel sitio sagrado con las evocaciones gloriosas de un pasado de gesta.

Nuestro Prócer forma parte, triunfalmente, de la patricia trilogía de los heroicos tonsurados de la libertad, integrada por Hidalgo, en México; Delgado, en El Salvador; y Márquez, en Honduras.

¡Para ellos son las invictas hosannas y las eternas vocinglerías de la Fama y de la Gloria!

Tegucigalpa, D. C., 16 de abril de 1942.

EL LOCO UNIONISTA

Tener diez y ocho años de edad y ya ganarse la vida en la lucha descomunal, estupenda e incruenta, es como llevar el porvenir dentro de la faltriquera, agarrado con la mano derecha, por en medio de la vía escabrosa y tortuosa de la vida. Es ser un Self Made Man, como dicen los yanquis con su acostumbrado graficismo y practicismo en sus luchas inmensas por la preponderancia en el mundo.

Tenía diez y ocho años cuando terminé el último año de estudios de Ciencias y Letras en el Instituto Nacional de San Salvador, y en aquella época conocimos a personajes de gran valía intelectual que figuraron brillantemente en la vida cultural y política de la progresista Nación Salvadoreña, que eran profesores de aquel afamado Instituto, entre ellos, su Director, doctor Darío González, autor de tantas obras didácticas bien conocidas en la enseñanza pública de Centroamérica, y que fue médico de confianza del Capitán General Gerardo Barrios, habiendo sido agraciado en las postrimerías de su vida con las Palmas de Oro de la Academia de Ciencias de París; el doctor Santiago I. Barberena, el sabio, como se le llamaba, que fue matemático, lingüista, arqueólogo, historiador fecundo, autor de muchas obras de gran valor científico; el doctor Rafael Reyes, que tuvo una efectiva preponderancia pública y fue maestro de varias generaciones, siendo autor de varios jugosos volúmenes de historia salvadoreña. Bien recordamos su simpática figura de puro indio pipil, con su eterna sonrisa en los labios y con sus anteojillos de claro cristal, como un monje benedictino, departiendo cordialmente con la juventud escolar, pues fue siempre un noble amador de los nuevos luchadores en las lides de la vida; el doctor José María S. Peña, el primer geógrafo de El Salvador, un sabio más humilde que el mismo Diógenes; y don Jacinto Galdámez, el autor de la famosa Teneduría de Libros, que tanto contribuyó a la difusión de las nuevas teorías contabilistas.

Entre los compañeros predilectos que teníamos en el Instituto, además de los paisanos, se encontraban los salvadoreños Salvador y Virgilio, dos buenos exponentes de la juventud sincera y prometedora, sin nada de vanistorias ni pretensiones infundadas, con quienes compartíamos en franca camaradería estudiantil nuestras faenas y nuestras esperanzas en el devenir incierto de la existencia. Llegamos a estimarnos como verdaderos hermanos, sin bajos egoísmos ni tontas rivalidades que causan tantos males, no digamos en la juventud, sino que también en la vejez.

Dos años después de haber terminado nuestros estudios en el Instituto, se nos informó por uno de nuestros excompañeros, que Virgilio, nuestro querido camarada, se encontraba recluido en una celda del Manicomio Central, que entonces estaba situado en el Barrio de San Jacinto de aquella capital, y dispusimos inmediatamente, un día domingo, con un compañero y paisano, ir a visitar a Virgilio y llevarle un obsequio que fuera permitido a los enfermos de aquel centro de tristeza y de terror...

Al llegar a la portería del Manicomio, presentamos al respectivo empleado el permiso correspondiente, y nos franqueó la entrada, indicándonos antes el número y sitio en donde quedaba la celda que ocupaba nuestro amigo Virgilio, quien, desde hacía como dos meses, había ingresado en aquel establecimiento, padeciendo de enajenación mental, causada, según decían, por excesos en los impulsos juveniles, o sean, alcohol, amor y dolor...

Nos encaminamos por el vasto corredor para llegar al lugar que nos había indicado el portero, y al poco caminar nos encontramos con un señor de buena presencia, aseado y en pechos de camisa, que salía de una pieza interior, y le saludamos atentamente, en la creencia de que era un empleado del Manicomio, y esto bastó para que él se acercara a nosotros y nos preguntara si andábamos conociendo aquel centro, dando con esto principio a una conversación interesante sobre asuntos del país, sin revelar nada en sus palabras el estado de su desequilibrio mental. A los pocos minutos de su amena conversación, y saltando mentalmente como por sobre una barrera de quimera y de ilusión, de incoherencia y de olvido, comenzó a pasearse y con ademanes expresivos de un elocuente orador, cambiando el timbre de la voz, de suave que era antes, en fuerte y vibrante, dio comienzo a un discurso de períodos cálidos, apasionados y conminatorios contra la personalidad del General Tomás Regalado, que ya era difunto, pues esto sucedía en 1908, asegurando que el ex Presidente había sido el autor de la desgracia de que no se hubiera realizado la Unión de

Centro América, y agregando, con su torrente verbalista, los esfuerzos personales que él había hecho por el triunfo de aquel gran ideal.

A medida que iba entrando en materia, la voz repercutía con más fuerza, al grado que logró llamar la atención del personal de empleados que se ocupaban en sus labores, y al enterarse el portero de lo que pasaba, se dirigió inmediatamente hacia donde estábamos, y requiriendo de buen modo al orador, le dijo que pasara al interior de la pieza de donde había salido, y una vez que aquel hubo entrado, nos explicó que aquel señor era originario de Chalchuapa, de familia acomodada, y que por tal razón ocupaba un departamento especial y se le atendía esmeradamente, pues su enfermedad no tenía los caracteres alarmantes de la mayoría de los recluidos, pues sólo se limitaba, cuando le venía el acceso, "a hablar en defensa de la Unión de Centro América, de sus esfuerzos por la misma y de tronar contra el General Regalado".

Habíamos hablado, pues, sin saberlo, con el Loco Unionista.

Cuando llegamos a la celda donde estaba nuestro compañero Virgilio, y le dirigimos la palabra, éste nos desconocía por completo, tal era el estado lamentable en que le tenía postrado su cruel enfermedad, y no fue sino después de recordarle durante varios minutos nuestra hermandad en las aulas del Instituto Nacional, que principió a hacer luz en su mente ensombrecida un débil rayo de inteligencia, despertándola, en parte, como de un profundo sueño de pesadilla y de congoja, al añorarle las amables horas de la vida estudiantil. Virgilio había sido un magnífico estudiante, afectuoso, de carácter meditativo, taciturno para la corta edad que tenía.

¿Cuáles habían sido las causas que le habían eclipsado la razón? ¿Taras hereditarias o excesos de los ímpetus juveniles, como decían? ¡Quién sabe!. Cuando salimos del Manicomio, sentimos en el espíritu la misma sensación de misterio y de meditación que se experimenta cuando abandonamos un Hospital, un Cementerio o un Templo.

Tegucigalpa, 23 de enero de 1935.

EL CENTINELA DEL GENERAL MORAZÁN

¿Os acordáis, lector, de aquella brillante generación de jóvenes unionistas que floreció en Tegucigalpa allá por el año de 1900, en la cual se destacaban con alto relieve Salvador Mendieta, Marciano Castillo, Ramón Quesada, Manuel Ugarte h., Julián López Pineda, Paulino Banegas, Ricardo y Rafael Alduvín, Ángel R. Fortín, Rafael Díaz Chávez, Ernesto Argueta y otros muchos luchadores que sería largo mencionar, y los cuales dieron vida fecunda, idealista, altiva y soñadora a la recordada Sociedad La Regeneración, que puso muy por encima el nombre de Honduras?

Fue aquella etapa de nuestra evolución cultural, indudablemente, de gran trascendencia en el ciclo histórico que en orden de ideas madres ha vivido Honduras en la edad moderna, toda vez que de ella arranca la intensificación de sus relaciones internacionales, no solamente con el resto de las secciones de Centroamérica, sino también con todos los países del mundo, pudiendo decirse que nuestro país entró de lleno con el nuevo siglo en la senda infinita de la civilización, considerándose en tal guisa de razonamiento 1900 como el año de oro del nacimiento intelectual y cultural de nuestro país, en el amplio sentido centroamericanista que la juventud puede muy bien dar a esta justa apreciación.

Como resultado de los sucesos políticos ocurridos en Honduras en 1904, muchos de aquellos jóvenes unionistas tuvieron que trasladarse a los países vecinos, y así fue que en San Salvador aparecieron la mayoría de los socios de La Regeneración, y otros muchos estudiantes que simpatizaban con el ideal unionista.

A este propósito cabe afirmar aquí que, por tradición, por ancestralismo heroico, por atavismo, por herencia legendaria —que dijéramos— decir hondureño, es decir unionista, en Centroamérica, y este es precisamente el lado flaco, la debilidad nacional nuestra. Todo el origen de esta modalidad psíquica del hondureño se debe, incuestionablemente, al recuerdo luminoso, glorioso y victorioso del Máximo Santo y Mártir Invicto del Calendario Patrio, General Francisco Morazán.

Hemos observado que, fuera de Honduras, para enternecer al más impenitente de los hondureños, por más errado que esté en sus apreciaciones generales con respecto a su patria, no hay más que decirle que es unionista convencido, y todo en él cambia inmediatamente por obra del milagro que se opera indudablemente por la influencia incontrastable de aquel atavismo heroico de que hablamos anteriormente.

Entre los muchos jóvenes estudiantes que llegaron a San Salvador en aquella época, recordamos especialmente a Miguel Banegas, un adolescente humilde, discreto, estudioso, que era hermano nada menos que de Paulino Banegas, el Robespierre de la juventud hondureña de entonces; buen escritor y ardiente orador de palabra flamígera, que tanto luchó en las lides intelectuales del unionismo.

Los hondureños llegados a la capital cuscatleca supieron honrar el nombre de su sección, ya como estudiantes, como trabajadores en las distintas actividades a que se dedicaban para ganarse la vida honradamente, lo mismo que como escritores, oradores, profesores y maestros de escuela, formando así una colonia modelo según el decir de los hospitalarios hermanos salvadoreños que les acogieron dignamente en su hogar.

Al cabo de pocos años, varios de éstos regresaron a su tierra ya hechos profesionales; otros partieron para otras latitudes y los demás se quedaron establecidos en aquella capital, siendo uno de éstos Miguel Banegas, quien, por una de esas trágicas aberraciones de la vida, después de ser un dechado de corrección, tuvimos la pena de verle, allá por el año de 1908, entregado por completo a la disipación, lleno de dolor y amargura, destruyéndose cruelmente por medio del excesivo consumo del alcohol, siendo presa, sin duda, de quién sabe qué rudos acicates del espíritu, que no pudo vencer en pugna desigual con la pobreza y la tristeza que le rodearon en su corta y agitada existencia.

Cierto día que pasábamos por una de las calles céntricas de aquella ciudad, no lejos de la plaza donde se yergue la estatua pedestre del General Morazán, en el desempeño de nuestras faenas reporteriles de un diario de aquella localidad, alguien conocido nuestro nos dice:

—Frente a la estatua de Morazán hay una aglomeración de gente; quién sabe qué pasa.

Inmediatamente nos encaminamos al sitio indicado, y cuál no sería nuestra sorpresa al ver a Miguel Banegas en un estado lamentable, pálido, cadavérico, con el pelo desgreñado y largo; con el traje sucio y en una especie de sonambulismo, paseándose militarmente frente a la estatua del General Morazán, llevándose la mano derecha al lado de la sien del mismo lado y chocando un zapato con el otro como es de ordenanza el saludar al superior inmediato.

Así pasó más de una hora ante la expectación de los numerosos curiosos que se habían aglomerado, los cuales comentaban de diferentes modos aquella actitud del infortunado joven, hasta que la policía intervino, conduciéndolo a la Dirección del Ramo, en donde se comprobó que había perdido la razón por varias causas, entre ellas, el exceso de los nepentes, las preocupaciones morales, las estrecheces económicas y la falta de cuidados especiales en tales casos, y se dispuso su traslado al Manicomio General del Barrio de San Jacinto.

Lo curioso de esta croniquilla recordatoria es que, muchos meses después de esto, fue este cronista a visitar el Manicomio, sin pensar para nada que pudiera encontrarse todavía en aquel centro de caridad Michel Banegas —como le decíamos familiarmente—, por lo cual sentimos gran impresión y curiosidad al informársenos que entre un grupo de alienados que se veía en un patio de aquel establecimiento se encontraba él.

Llevados, pues, por tal impresión, con el amigo que nos acompañaba, nos encaminamos hacia ellos, y nos costó mucho creer que uno de aquellos, el más alto, era Miguel, pues parecía transformado en un verdadero carbón humano, tan negro estaba, por estar poseído entonces de la monomanía de estar viendo constantemente el Sol, completamente descubierto, al cual hacía reverencias y saludos de cumplida pleitesía y de profundo respeto, con una unción de suprema idolatría, y tal vez —decimos nosotros— como sustituyendo su pasada obsesión de saludar y reverenciar la estatua del General Morazán, a quien él, como buen hondureño, en sus pasados ensueños juveniles, consideraba como el Astro Rey del radioso cielo de la Patria Centroamericana.

Bien podría afirmarse que este caso simbólico, único, encarnado en El Centinela del General Morazán, representa la síntesis gloriosa de la máxima consagración del espíritu hondureño para el más grande e inmortal de sus hijos.

Tegucigalpa, 25 de abril de 1936.

CONTRIBUCIÓN DE HONDURAS AL IDEAL UNIONISTA

> "Centro América no será digna de su
> Independencia, mientras no se reconstruya su antigua
> nacionalidad."
> —Policarpo Bonilla

Hay características fundamentales que distinguen a los individuos, como a los pueblos, en el constante devenir de su formación, y de ahí que se asiente, sociológicamente hablando, que hay nacionalidades prácticas, como las hay soñadoras; es decir, que existen conglomerados humanos apegados, unos al calibanismo y otros al arielismo de la concepción legendaria; y, para llegar a esta sencilla afirmación, no se tiene más que escudriñar las actividades trascendentales de tales entidades en sus relaciones con el mundo internacional.

A través de la Historia moderna de Centro América, se comprueba constantemente la noble modalidad de la nacionalidad hondureña, su divino quijotismo, su férvido entusiasmo, su fe casi evangélica por el sagrado Ideal Unionista, al grado de que ese elevado sentimiento se ha hecho clásico en los anales del Istmo, y por eso se dice que en cada hondureño palpita un corazón unionista, y bien puede afirmarse que este ingénito modo de ser, viene como una herencia gloriosa de los próceres nacionales que se sacrificaron por fecundar con su sangre el árbol sacrosanto de ese Ideal, como lo proclama elocuentemente la Historia patria desde los años iniciales de la disgregación de la Confederación de Centro América.

En todos los esfuerzos que se han hecho para conseguir la realización de la magna idea, en los años de 1842, en la Convención de Chinandega; en 1844, en San Vicente; en 1847, en Nacaome; en 1849, en León; en 1850, con motivo del decreto de nacionalidad expedido por el Presidente Lindo; en 1852, bajo el Gobierno del General Cabañas, se reunió en Tegucigalpa la Asamblea Constituyente con representantes de Honduras, El Salvador y Nicaragua; en 1883; en 1885, que terminó con el desastre de

Chalchuapa; en 1896, al surgir la República Mayor; y, últimamente, en 1921, al cumplirse un siglo de proclamarse la Independencia, se ratifica la sincera cooperación de Honduras en pro del Unionismo, lo cual, algunos críticos han querido juzgar como una insania nacional, o como una especie de ingenuidad colectiva, sin ahondar, tal vez, en los grandes secretos de la psicología de los pueblos y de su pasado, con fuertes vinculaciones históricas que forjaron su alma en las pugnas de las ideas madres que les legaron sus prohombres en el decurso de su vida.

Es ante el peligro de las grandes desgracias, que el sentimiento de la unión se hace efectivo, no solamente en lo individual, sino también en lo colectivo, y de ello tienen el ejemplo perdurable los pueblos centroamericanos, que surgieron a la vida de la libertad, para después separarse como consecuencia funesta de las pasiones y de las ambiciones de mando de los hombres, más que por el choque de irreconciliables ideologías, para unirse en seguida en presencia de la intromisión extranjera encabezada por el filibustero Walker, de 1855 a 1858, dando así vida, una vez más, al símil consagrado de que la unión hace la fuerza.

Sería motivo de estudio especial intentar diseñar las causas que, según entendemos, han contribuido a mantener y a profundizar la desunión de los cinco países centroamericanos; pero tal asunto no lo intentamos por ahora, aunque sí creemos que ha llegado el momento en que podría tratarse por la prensa, y saber, por medio de una encuesta, de los gobernantes y de los hombres de valía y de pensamiento del Istmo, lo que piensan que se podría hacer para lograr la efectividad de la soñada unión.

Nosotros creemos que el instante es propicio para emprender una campaña unionista, sobre todo si se toman en consideración seriamente las nuevas orientaciones de la política indohispana en relación con la de los Estados Unidos, por efecto de las últimas conferencias panamericanas, pudiéndose muy bien, a este respecto, formularse las siguientes interrogaciones:

¿Qué conviene más a los Estados Unidos para el desarrollo de su política de buena vecindad, la unión o la desunión de los países de Centro América?

¿Podría llegarse a la unión bajo la dirección moral y material de ese gran país de América?

¿Cómo podría realizarse la unión sin desatar la tragedia y el desequilibrio de estos pueblos?

Una libre discusión de estos y otros temas sobre este importante problema, sería de vital interés para conocer el estado del espíritu público, que expresaría claramente cuáles son las aspiraciones centroamericanas en el actual momento palpitante del mundo.

Antes de terminar estos párrafos volanderos, queremos recordar aquí un incidente revelador que se verificó en 1921, cuando se reunió en esta capital la Asamblea Centroamericana, a la cual concurrieron numerosos y distinguidos delegados, para sentar las bases de la Unión.

Un ciudadano hondureño, en charla íntima con uno de los delegados, fue interrogado así:

—¿Cree usted en la Unión Centroamericana?

—Claro que sí —le contestó aquél—, pues entiendo que no hay hondureño que dude de ella.

—Ese es, precisamente, el mal de ustedes, pues son tan ingenuos que todavía continúan creyendo en la Unión.

No sabemos si el criterio del mencionado delegado, persona caracterizada, estaba en lo cierto, o era un simple rasgo de humorismo, pues es el caso de que aquel último intento en favor del unionismo, no pasó más que del acostumbrado derroche de oratoria y de los consiguientes esparcimientos populares.

Pero, a pesar de todas estas tortuosidades en el curso de la Historia, no se puede dudar de que la contribución de Honduras ha sido siempre leal y positiva en la prosecución del noble ideal unionista de los pueblos centroamericanos.

Tegucigalpa, D. C., 20 de diciembre de 1939.

129

EL PRÓCER DOCTOR JOSÉ MATÍAS DELGADO

SU INFLUENCIA DECISIVA EN LOS DESTINOS POLÍTICOS DE CENTRO-AMÉRICA

"DELGADO
era el oráculo del pueblo salvadoreño y el árbitro de sus
cuestiones."
—Lorenzo Montúfar

Ha dicho el gran filósofo Emerson, que los hombres de carácter son la conciencia de la sociedad a que pertenecen.

Al estudiar cualquiera de las manifestaciones de la actividad humana; al analizar serenamente las más exiguas expresiones de la inteligencia creadora, en todos los órdenes de las ideas trascendentales, hay que buscar, como el atrevido buzo en las profundidades del océano, el oculto tesoro de las acciones madres y de las finalidades preconcebidas para el triunfo del Ideal ponderoso de la vida en la eterna evolución de todo lo que existe. Hay que buscar la fórmula de la Síntesis Suprema, para aprisionar, si así dijéramos, la concepción concreta de esa misma actividad progresiva, ya sea en las relaciones espirituales de los individuos y de los pueblos, o simplemente como la demostración innegable de la acción humana en la obra redentora de la organización de la vida según el pensamiento científico y jurídico.

Es, pues, en tal concepto, como nos proponemos estudiar la acción humana del ilustre organizador de la vida de un pueblo libre, del máximo patriota y virtuoso sacerdote, Doctor José Matías Delgado, que era, según el pensamiento de Lorenzo Montúfar, "el oráculo del pueblo salvadoreño y el árbitro de sus cuestiones".

Para mejor comprender la epónima personalidad de este heroico representativo de las gestas emancipadoras, y su influencia decisiva en los destinos políticos de Centroamérica, es preciso que lleguemos hasta el tranquilo hogar de sus progenitores, y, haciendo una venia de sumisión y de respeto, invoquemos el sagrado sentimiento de amor a la Patria, y digamos con orgullo nacional, que en esta ciudad de San Salvador, que con justicia se ha llamado la cuna de la Libertad de Centroamérica, nació para honra y gloria de una Raza y de un Continente, el más grande de los Próceres del Istmo, y que la fecha del 24 de febrero de 1767, en que vino a la vida aquel esforzado paladín de la Justicia y de la Democracia hispanoamericana, debiera marcarse con la piedra blanca de las recordaciones imborrables en los anales sacrosantos de la humanidad redimida.

Sin que pretendamos hacer la biografía del Doctor Delgado, que no está en nuestro propósito, diremos, que no en vano se ha dicho que el azar, en cuanto se considera como la expresión de lo desconocido, es un aliado constante en las misteriosas combinaciones de la vida humana.

Esto nos sugiere la idea de que don Pedro Delgado, que vino de Panamá a esta ciudad, y se unió en matrimonio con doña María Ana de León, de origen español, nunca pensó, como es natural, que iba a tener la gloria de ser el progenitor, en tierra distante de la suya, de José Matías Delgado, uno de los grandes Próceres de la América indiana.

Y aquel niño, al parecer enfermizo, que nació en el amor de la hidalguía tradicional de sus padres, dio muestras, desde temprana edad, de poseer una feliz inteligencia, que empezó a cultivar en esta ciudad, para continuar desarrollándola brillantemente en Guatemala, en donde obtuvo los diplomas de doctor en Cánones y de abogado de la Real Audiencia, habiendo sido, igualmente, ordenado como sacerdote, y regresando a desempeñar el curato de esta ciudad, con lo cual inició su vida intensa de apóstol virtuoso y de patriota insigne, hasta llegar a ser "un gran corazón puesto al servicio de la humanidad", como ha dicho de él un distinguido publicista.

Dividiremos en tres partes el presente estudio, así:

1°. La actuación política del Doctor Delgado en el grito de Independencia del 5 de noviembre de 1811.

2°. Su actitud en la proclamación de la Independencia el 15 de septiembre de 1821; y

3°. Su heroica participación en los graves acontecimientos que se sucedieron después de esta fecha, hasta el año de 1832, en que falleció.

Las ideas de emancipación política que agitaron al mundo hispanoamericano, a principios del siglo XIX, como consecuencia inmediata de la Revolución francesa y de la Independencia de las colonias inglesas de Norteamérica, habían infundido en los espíritus libertarios la energía reivindicadora de los derechos del hombre, y así tenemos que en el Sur aparece como el Precursor de la Libertad, proclamando los soberanos principios de la redención, aquel iluminado de la gloria y del martirio que se llamó Francisco Miranda, que señaló con las audacias de su empuje emancipador, la senda enrojecida por donde luego pasaron los heroísmos legendarios de aquel visionario de la Justicia y el Derecho, que el mundo conoce con el nombre de Simón Bolívar, el Libertador de Suramérica.

En el Norte, en la Patria del indomable Cuauhtémoc, el pensamiento libre, el aliento divino de la Libertad, se había refugiado en la testa luminosa de aquel esforzado sacerdote del humilde pueblo de Dolores, el gran patriota Miguel Hidalgo y Costilla, que, concretando las esperanzas de un pueblo esclavizado, y con sólo un puñado de valientes, hizo estremecer de espanto el poder bamboleante del despotismo conquistador.

En Centroamérica, también habían encontrado asidero las ideas de independencia, en los espíritus de selección que habían escudriñado el alma de los acontecimientos políticos que se venían realizando en Hispanoamérica, al iniciarse el siglo de la gran cruzada emancipadora.

Era el martes 5 de noviembre de 1811, cuando el austero sacerdote Doctor José Matías Delgado, al igual que aquel otro virtuoso apóstol de Jesucristo, don Miguel Hidalgo y Costilla, llamó al pueblo con las sonoras vibraciones de la campana de la iglesia de La Merced de esta ciudad, para iniciar el levantamiento de Independencia de Centroamérica, lo mismo que había hecho el patriotismo en el Sur y en el Norte del Continente.

El alma de ese movimiento insurreccional fue el Prócer Doctor José Matías Delgado, secundado resueltamente por aquellos otros patriotas salvadoreños que se llamaron Manuel José Arce, Juan Manuel Rodríguez, Nicolás, Manuel y Vicente Aguilar, Juan y Miguel Delgado, Pedro Pablo Castillo, Carlos Fajardo y Francisco Morales.

Dueños de esta ciudad los independientes, depusieron al Intendente Antonio Gutiérrez Ulloa y a las demás autoridades españolas; y "durante más de un mes fue gobernada por alcaldes electos popularmente, como el germen de la autonomía nacional. En este lapso de tiempo no se cometió ninguna clase de excesos, a pesar de la gran agitación en que se encontraba el pueblo; lo que demuestra las elevadas miras del patriotismo que había provocado aquella insurrección, y los anhelos de libertad y las aspiraciones legítimas de aquellos que lo habían secundado".

Habiendo fracasado ese movimiento revolucionario, por falta de apoyo decidido de la generalidad de la provincia de San Salvador, los promotores de tal acontecimiento tuvieron que sufrir toda clase de injusticias y una larga prisión. El Prócer Delgado permaneció reconcentrado en Guatemala durante 10 años, o sea hasta 1821.

Al estudiar los sucesos de la guerra de Independencia de Hispanoamérica, y sin que nos ciegue la pasión del más sincero patriotismo, tenemos que convenir en que, por haber sido la primera de nuestras lides civiles, estriba, precisamente, la mayor ejecutoria con que ese fenómeno se impone, ponderoso, aplastante, a la consideración del pensador. Guerra civil, porque los más terribles enemigos de los libertadores no fueron los soldados españoles, sino los mismos pueblos a quienes aquellos proponíanse redimir. Guerra civil también, porque fueron unos españoles —los americanos, los criollos— quienes arrojaron el guante a otros españoles, a los peninsulares.

Y este fenómeno histórico lo vemos fatalmente realizado en la provincia de San Salvador, al darse el grito insurreccional del 5 de noviembre de 1811, pues sólo cuatro poblaciones respondieron débilmente al valiente reto lanzado por el Prócer Delgado contra la dominación española, mientras el resto, es decir, la mayoría del pueblo, no correspondió, como debía, a las nobles aspiraciones de los libertadores.

Es, entonces, cuando la personalidad legendaria del Doctor Delgado se destaca en el escenario de la Patria, con los eternos lineamientos de la epopeya y del triunfo perdurable de la Historia, porque si bien "aquella primera intentona no produjo el resultado que se apetecía, no por eso puede decirse que fue infructuosa en el logro de la Independencia de estos pueblos".

La chispa incendiaria lanzada por los grandes insurgentes, Miranda en el Sur e Hidalgo en el Norte, produjo la espléndida aurora de la libertad hispanoamericana.

Por eso es que la actitud epopéyica del Prócer Delgado ha llegado a simbolizarse en la heroica plasticidad del bronce y en la silenciosa plegaria del cándido mármol, como el genio tutelar del Ideal resplandeciente de la Independencia y de la soberanía nacional de Centroamérica, a través de los ciclos caóticos de la vida turbulenta de las pasiones desenfrenadas y de las claudicaciones inmensas. Y es que el Doctor Delgado llegó a resumir el alma esforzada y bravía de un pueblo reacio a las dolorosas humillaciones de la esclavitud; llegó a ser la hermosa encarnación de los altos principios de la Justicia y el Derecho de una nación pequeña en territorio, pero grande en los espléndidos mirajes de la Libertad.

Bien puede decirse que el Padre Delgado, tanto por sus virtudes privadas como por su vigoroso temperamento de luchador político, estaba constituido para ser el hábil conductor de las muchedumbres explotadas y humilladas hacia la conquista del Derecho ultrajado; y es, pues, en tal sentido, que por su ilustración y carácter rectilíneo, es considerado, con justicia, como el Prócer centroamericano que nunca manchó los laureles de la victoria con las debilidades inconscientes y con las rastreras pasiones de las ambiciones innobles.

El 5 de noviembre de 1811 forma el eterno pedestal en el cual se yergue la gloriosa personalidad del insigne Libertador de Centroamérica, el Prócer Doctor José Matías Delgado.

La proclamación de la Independencia, el 15 de septiembre de 1821, fue una consecuencia lógica del acto insurreccional del 5 de noviembre de 1811, toda vez que este acontecimiento trascendental contribuyó poderosamente a despertar la conciencia adormecida del pueblo ignorante y embrutecido por el peso abrumador de tres siglos de esclavitud afrentosa.

Las manifestaciones libertarias subsiguientes, en León de Nicaragua, el 13 y el 26 de diciembre de 1811; en Granada, el 8 de enero de 1812; los esfuerzos del patriotismo en Guatemala, en 1813; y el segundo movimiento libertador de San Salvador, el 24 de enero de 1814, que dirigieron los Próceres Manuel José Arce, Juan Manuel Rodríguez, Miguel Delgado, Nicolás, Manuel y Vicente Aguilar, y que culminó con la estrangulación del ilustre patriota Santiago José Celis, vienen a comprobar, elocuentemente, "que todos los acontecimientos sociales, que se encaminan a la realización de un ideal generoso y bueno, aunque en la apariencia hayan fracasado, son en realidad elementos que han venido preparando el triunfo de la causa que se persigue; son los fundamentos en que ha de apoyarse la obra definitiva a que se dirigen los esfuerzos del hombre; son las caídas necesarias para llegar al lugar donde hemos de redimirnos".

Es, pues, en tal concepto —como lo demostraremos a continuación—, que el esfuerzo inicial del Doctor Delgado engendró la verdadera Independencia de Centroamérica, y ese hecho esencial constituye precisamente el triunfo más grande del ideal político del pueblo salvadoreño.

En el acto de proclamarse la Independencia, el 15 de septiembre de 1821, en el Palacio de los Capitanes Generales de Guatemala, se produjo, como era inevitable, el choque natural de las dos fuerzas políticas que representaban, distintamente: la una, el pasado con todas las ignominias, la superstición y la ignorancia; y la otra, el porvenir con las gloriosas promesas de la reivindicación y el reinado positivo de la Patria libre.

En esa histórica reunión, a la cual concurrió el Prócer Delgado, en su carácter de miembro de la Diputación Provincial por San Salvador, fue uno de los férvidos patriotas que, con resolución y fe inquebrantable, opinó resueltamente por la Independencia absoluta de Centroamérica, y con esa convicción firmó el acta de Independencia que nos libertó de España pero no de los españoles o españolizantes de aquella época incierta en los destinos de la Patria.

Se ha dicho frecuentemente que la versátil actuación política del Capitán General Gabino Gaínza contribuyó poderosamente en la fácil proclamación de la Independencia, sin comprenderse, para ello, que en la misma Traición de Gaínza, al reconocer la nueva situación pública creada el 15 de septiembre, iba el germen funesto de la anarquía que no tardó en llevar a la postración, al descrédito y a la ruina al Istmo centroamericano, hasta llegar a imprimirle esa trágica actitud en que se halla actualmente: dividido, empobrecido y vacilante en presencia de las nuevas fuerzas conquistadoras de las naciones imperialistas.

Al analizar imparcialmente las deficiencias trascendentales contenidas en el acta de Independencia del 15 de septiembre de 1821, lo mismo que el carácter de los elementos antagónicos que hicieron al margen de ella un pacto de dudosa confraternidad, tenemos que llegar a comprender forzosamente, que "el choque entre españoles americanos y peninsulares, vino sólo por la desigualdad de representación".

Hay que decirlo con franqueza: el acto político del 15 de septiembre no fue propiamente la proclamación de la Independencia de Centroamérica, porque hay que tomar en cuenta que la autoridad surgida de aquel acontecimiento estaba, en su mayor parte, controlada por el bando tradicionalista; es decir, por la llamada nobleza, el clero, los altos empleados y los criollos españolizantes que aspiraban a continuar ejerciendo en estos pueblos el gobierno medieval de la Colonia.

Por eso es que decimos, que la Traición del Capitán General Gabino Gaínza llevaba el germen de la anarquía en que muy luego cayó Centroamérica, y que alimentara el falso patriotismo de los hombres que sólo pretendían suplantar en el Gobierno a los españoles peninsulares, sin pensar, para nada, en los legítimos intereses de la Patria; porque no podría concebirse una Independencia efectiva en la cual los directores del régimen caído continuaran representando el principio de autoridad en el nuevo orden de ideas creado como consecuencia de esa Independencia a medias.

¿Y qué otra cosa significaba la disposición de que Gabino Gaínza continuara con el cargo de Capitán General o Jefe Político, habiendo desempeñado ese mismo puesto antes de proclamarse la Independencia?

En este error descomunal hay que buscar el origen desastroso del incierto derrotero político de Centroamérica, porque hay que convenir en que los verdaderos patriotas que soñaban honradamente con la positiva Independencia de la Patria, constituían la minoría de la élite pensante que luchaba denodadamente contra la ambición desenfrenada de la llamada nobleza, y contra la ignorancia de las muchedumbres embrutecidas por el estigma funesto de los tres siglos del coloniaje español.

Por eso es que alguien ha dicho, que la proclamación de la Independencia, el 15 de septiembre de 1821, se hizo por chiripa, y no porque fuera la manifestación consciente y espontánea de la generalidad de los pueblos.

El acta misma que redactara el sabio hondureño don José Cecilio del Valle, y que fue escrita —según se afirma— bajo la impresión de la tenaz rivalidad que existía entre Valle y el sabio nicaragüense don Miguel Larreynaga, contiene muchas deficiencias e intransigencias que el tiempo ha depurado con un criterio científico altamente imparcial, tomando en consideración que, siendo el producto de una concepción humana, estaba expuesta a los consiguientes errores e intransigencias del pensamiento político en aquella época turbulenta y azarosa de la Historia patria.

Por eso es que siempre hemos considerado como una hermosa lección de honradez y de carácter la actitud decorosa del ex Capitán General Carlos Urrutia y Montoya, que, no obstante los ofrecimientos que le hicieron después del 15 de septiembre, de "que él seguiría gozando de las consideraciones de antes y del sueldo que le correspondía", prefirió ausentarse de Guatemala y despreciar así con altiva dignidad la claudicación infamante que le proponían. Y esa hermosa lección de honradez y de civismo no penetró en la conciencia de Gaínza y de la parcialidad españolista que lo sostenía en el Gobierno de Centroamérica.

El 30 de septiembre de 1821, o sea quince días después de proclamada la Independencia, y cuando el pueblo de San Salvador se preparaba para hacer la elección de la Junta Provincial, el Jefe Político Pedro Barriere, que no transigía con los patriotas salvadoreños, y suponiendo que la elección iba a favorecer a las personas que comulgaban en las ideas libres, hizo la manifestación de que se consideraba sin las respectivas facultades para autorizar aquel acto; y como el pueblo manifestara su descontento y procediera a las consiguientes amenazas, fue disuelta la reunión por la fuerza, y ordenó Barriere la prisión de los Próceres Manuel José Arce, Juan Manuel Rodríguez, Domingo Antonio Lara y de otros distinguidos ciudadanos.

Conocedora la Junta Consultiva de Guatemala, del nunca desmentido patriotismo y de la gran energía del Prócer José Matías Delgado, le comisionó, dándole los suficientes poderes, para que viniera a ordenar las diferencias surgidas como consecuencia del despotismo del Jefe Político y de las ansias de libertad del pueblo oprimido.

El Doctor Delgado instaló la Junta Provincial, obligando a salir de San Salvador a Barriere, y dictando, al mismo tiempo, las disposiciones necesarias para la mejor organización de la provincia.

La instalación de la Junta Provincial se hizo el 28 de noviembre de 1821, el mismo día en que el Capitán General Gabino Gaínza informaba a la Junta Provincial de Guatemala que había recibido un oficio del Presidente de la Regencia de México, General Agustín Iturbide, en el cual le hacía la proposición referente a que el Reino de Guatemala debía unirse al Imperio mexicano.

La Filosofía de la Historia, al escudriñar los acontecimientos del pasado, es concluyente y precisa al llegar a formular las finalidades de todas sus especulaciones.

¿Y qué otra cosa nos podría demostrar la actuación de Gaínza en los sucesos de la incorporación de Guatemala a México, si la estudiamos a través de la experiencia que nos proporciona la misma Filosofía? ¿A qué conclusiones podríamos llegar si confrontáramos los distintos matices de las acciones particulares y la psicología individual de los hombres de la Independencia que intervinieron en las resoluciones del 15 de septiembre de 1821?

Bien podríamos formular, en sentido general y escueto, este principio de ética universal: En todas las actividades y aspiraciones humanas, siempre existen dos tendencias completamente divergentes, que el pensamiento poético ha simbolizado en el divino Ariel y en el rastrero Calibán; o dicho de otro modo, en lo ideal y lo material, o sea, el bien y el mal de la concepción legendaria.

Porque hay que comprender que los hombres de la Independencia estaban influenciados, los unos por el espíritu de Ariel, que eran los verdaderos libertadores, y los otros por el malévolo Calibán, y eran los que sólo aspiraban a satisfacer sus marcados instintos materialistas con la explotación del pueblo por medio de la ignorancia y la superstición.

En esta lucha funesta pero necesaria para el afianzamiento de la Libertad de Centroamérica, estaban, en Guatemala, el mexicano Gabino Gaínza, y en San Salvador, el Prócer José Matías Delgado con los ilustres paladines de la Democracia; y de esa pugna desigual, surgió espléndidamente glorificada la hercúlea personalidad del Doctor Delgado, y se encontraron, como ha dicho el eximio maestro don Francisco Gavidia, "frente a frente dos principios, de los cuales, uno es el porvenir y el otro es el despotismo".

"Iturbide con México, el Capitán General Gaínza y Centroamérica sostienen el Imperio. José Matías Delgado y San Salvador sostienen la forma republicana de gobierno y la idea de que Centroamérica debe ser una nación independiente. Tal es el drama de 1822."

"Todos conocéis esa página de la Historia: las victorias de la Junta de San Salvador presididas por Delgado, en el Espinal y en San Salvador, sobre los imperialistas; los combates de los alrededores de San Salvador... esos dos años de 22 y 23... ¿y venció la fuerza? Sí, ¿venció la fuerza? No, venció el Derecho, venció la Idea, venció el Progreso, venció la Libertad, venció la Independencia, venció la República: desfile de este ejército de Filosofía, era algo que los pueblos veían pasar como portador del enigma del destino de Centroamérica, de los correos que atravesaban ese inmenso territorio de Centroamérica y México: la contestación del Emperador, "trátelos usted como rebeldes"; el folleto de Valle publicado en México y que respondía a los disparos con los que durante dieciséis meses contestaba San Salvador a los imperialistas, todo esto, era transformar, era iluminar la conciencia pública de Centroamérica y la conciencia pública de México; y cuando al último disparo de San Salvador contestó el pronunciamiento de Casa Mata, que derribó el Imperio de Iturbide, la Filosofía de la Historia pudo escribir estas palabras:

A José Matías Delgado y la ciudad de San Salvador, se debe la forma republicana de Centroamérica y México."

Y es por eso que nosotros afirmamos, que la influencia del Doctor Delgado fue decisiva en los destinos políticos de Centroamérica, y que la verdadera Independencia se acordó por la Asamblea Nacional

Constituyente de Guatemala, que presidió el Padre Delgado, según el decreto del 1° de julio de 1823, en el cual se halla el artículo primero, que es una eterna pirámide de Derecho Fundamental, y que dice así:

"Que las expresadas provincias (de Centroamérica), son libres e independientes de la antigua España, de México y de cualquier otra potencia, así del antiguo como del nuevo mundo, y que no son ni deben ser patrimonio de persona ni de familia alguna."

Si hacemos la confrontación del Acta de Independencia del 15 de septiembre de 1821, con el Decreto de emancipación del 1° de julio de 1823, se comprende claramente que este último contiene el triunfo positivo del Derecho y la Democracia, y el reinado de la Libertad a que aspiraba constantemente el Prócer Delgado, y con él, todos los honrados campeones de la legítima Independencia de Centroamérica.

Después de este período turbulento de la historia nacional, hasta el año de 1832, y cuyos detalles omitimos por ser dolorosamente conocidos, la figura intelectual y patriótica del Doctor Delgado alcanzó las proporciones gigantescas de un diestro conductor de muchedumbres, de un apóstol convencido y de un reformador de profundas concepciones políticas, que se adelantó al espíritu de su época.

Él fue el Prócer centroamericano, que sostuvo con una energía irreductible, con una constancia rayana en heroísmo evangélico, el Ideal republicano como la fórmula esencial del gobierno democrático del pueblo y para el pueblo, en la época en que todavía en el Sur y en el Norte del Continente, al fragor de la contienda libertaria, muchos de los grandes caudillos insurgentes pensaban en establecer el gobierno monárquico en varios de los pueblos redimidos de la dominación española.

Esa es la gloria política más excelsa del Doctor Delgado y del esforzado pueblo salvadoreño.

Uno de los actos de la vida pública del Padre Delgado, que ha sido más discutido por sus admiradores y por sus adversarios, fue la exaltación a la silla episcopal de la provincia de San Salvador.

"Pero este proceder –como ha dicho juiciosamente un comprensivo salvadoreño– era una especie de defensa que se quería establecer contra las influencias que pudiera presentar una autoridad eclesiástica enemiga de la Independencia, sobre todo cuando se creía con fundamento que España trataría de llevar a cabo la reconquista de sus antiguas colonias."

"Por idénticos motivos, la Asamblea Constituyente de las Provincias Unidas del Río de la Plata, cuando en 1813 se reunió para tratar de la organización de aquella nación, que había declarado su autonomía desde 1810, había llegado en sus declaraciones hasta crear una Iglesia Argentina."

Y, por lo que se refiere a los trabajos de la Independencia de Centroamérica, ya sabemos que la mayoría del clero español o extranjero fue un adversario temible contra las nobles manifestaciones del patriotismo; y, como era natural, los principales puestos en la jerarquía eclesiástica los ocupaban los sacerdotes que ofrecían más confianza en la obra de la dominación exótica. Y si se daba el caso de que a un sacerdote criollo se le distinguiera de algún modo, obedecía esto más a un orden de ideas puramente político, que a un acto de estricta justicia a las virtudes y a las capacidades intelectuales del sacerdote distinguido.

Y, si no, pongámonos a pensar: ¿cuál hubiera sido la actitud del pueblo salvadoreño, en los graves acontecimientos políticos que se sucedieron desde 1811 hasta 1832, si en vez del glorioso sacerdote criollo Doctor José Matías Delgado, que lo guiaba resueltamente hacia la conquista de la Libertad, hubiera tenido por caudillo al sacerdote extranjero Fray Ramón Casaus y Torres, acompañado de un ejército de sacerdotes españoles? De seguro que la altiva provincia de San Salvador no hubiera sido el baluarte de la Independencia y la tabla salvadora de la autonomía nacional, y su anexión a México, o a cualquier otra nación imperialista, la habrían realizado fácilmente, tal como lo hicieron el mexicano Gabino Gaínza, el mismo Fray Casaus y Torres, los Aycinena, los Beltranena y los sacerdotes españolizantes.

Es por esta sencilla argumentación, que nosotros consideramos muy legítima y de un alto interés patriótico, la realización de la noble ambición del Padre Delgado, al llegar a ocupar la silla episcopal de San Salvador, como un paso necesario para contener las influencias del clero extranjero en los asuntos nacionales de estos pueblos, sobre todo en una época en que las instituciones democráticas estaban inseguras en presencia de las fuerzas poderosas formadas a consecuencia de la brusca transición, del imperio del despotismo conquistador, al reinado de la Santa Libertad.

Y el Padre Delgado, siendo "el oráculo del pueblo salvadoreño y el árbitro de sus cuestiones", tenía que emplear forzosamente todos los medios lícitos que le indicaba su honradez patriótica, para poder responder dignamente por la existencia soberana del pueblo que él sintetizaba con heroísmo en aquel trágico ciclo de la Historia.

Pero es una verdad eternamente comprobada, que los grandes videntes, los apóstoles de la Justicia, los reformadores de todas las edades, los libertadores de la humanidad esclavizada, han sido siempre los dolientes crucificados de la Historia, los gloriosos lapidados de todos los siglos que han fecundado con la sangre generosa de sus ideales sacrosantos y de sus proezas legendarias, el inmenso campo del progreso humano.

Y el ilustre Prócer salvadoreño, Doctor José Matías Delgado, que había recibido de Dios la misión providencial de ser el libertador de un pueblo explotado, humillado y escarnecido, y encarnando el espíritu bravío del indomable cacique Atlacatl, del heroico Cuscatlán, se ha transfigurado, como un semi-dios de la Gran Patria, en la épica estrofa del mármol pentélico y en el astro simbólico que esplende perennemente en el corazón del zodíaco de la Libertad Nacional.

San Salvador, El Salvador, 1916.

GRANDES EFEMÉRIDES DE NUESTRA AMERICA

CENTENARIO DEL ASESINATO DEL GRAN MARISCAL DE AYACUCHO

El Abel de nuestra América; el más puro y magnánimo de los paladines de la Emancipación de Hispanoamérica, el Gran Mariscal de Ayacucho, don Antonio José de Sucre, había nacido en la ciudad venezolana de Cumaná, el año de 1793, y sus padres fueron personas distinguidas y de buena posición económica.

Entre sus ascendientes aparece el señor Carlos de Sucre, de quien se afirma que levantó por su cuenta, en 1734, en unión de don Juan de Dios Valdez, los castillos de San Francisco y del Padrastro en la antigua Guayana.

El General Sucre recibió su primera educación en Caracas, dedicándose de preferencia al estudio de las matemáticas con el fin de alcanzar la profesión de Ingeniero, y con esta clase de conocimientos principió a servir a la causa de la Independencia bajo las órdenes del General Francisco Miranda, el Precursor de la Emancipación de Suramérica.

En 1813 fue uno de los bravos capitanes que se propusieron realizar la reconquista de Venezuela, por el oriente, juntamente con los generales Piar, Bermúdez, Mariño, Valdez y otros patriotas, cuyo noble empeño fue calificado de extraordinariamente heroico y descomunal.

En 1814 fue ascendido a Comandante en el Estado Mayor del ejército de oriente, y en el desempeño de sus delicadas funciones, según lo expresaba Bolívar, "él era el alma del ejército en que servía; todo lo metodizaba; todo lo dirigía; pero con aquella modestia, con aquella gracia, con que hermoseaba cuanto hacía; él era el mediador, el consejero, el guía, siguiendo siempre la buena causa, corrigiendo el desorden y sin dejar de ser amigo de todos sus compañeros de armas".

¿Y qué mejor elogio pudiera hacerse de aquel insigne capitán de la libertad, que el hecho justicieramente por el Padre inmortal de la Gran Colombia?

Como consecuencia de las derrotas que sufrió el ejército patriota en Aragua y en Urica, el General Sucre pasó a la Isla de Trinidad, en donde esperó al Libertador Simón Bolívar, para trasladarse con él a tierra firme y continuar la magna epopeya de la Emancipación.

Dicen sus biógrafos que en esta ocasión sufrió un naufragio, a consecuencia del cual tuvo que pasar una noche y parte del día sobre un baúl a merced de las embravecidas olas del océano, hasta que unos compañeros le salvaron en una pequeña canoa, con lo cual demostró su serenidad ante el peligro y esperó resignado los designios del destino.

De la Isla de Trinidad pasó a Güiria y se puso bajo su mando el Batallón Colombia, que sirvió activamente en el sitio de Cumaná.

En 1817 fue ascendido a Coronel y desempeñó la jefatura del Estado Mayor del bizarro General Bermúdez, hasta que fue ascendido a General de Brigada en 1818, pasando a continuación a las Antillas en misión de conseguir auxilio de armas y municiones para poder proseguir con éxito la lucha emprendida, habiendo alcanzado un resultado satisfactorio su misión para la causa del patriotismo, pues adquirió ocho mil fusiles, un buen tren de artillería y una considerable cantidad de municiones.

A fines de 1819 fue nombrado Jefe del Estado Mayor del Libertador, y entonces fue comisionado para que llevara a cabo el tratado con el general español Pablo Morillo, el 25 de noviembre de 1819, que puso fin a la espantosa guerra a muerte, que la Historia ha calificado severamente como un baldón de la lucha por la Independencia.

"El tratado celebrado por Sucre –decía el Libertador– es digno del alma de aquel negociador: la benignidad, la clemencia, el genio de la beneficencia lo dictaron: él será tan eterno como es el más bello monumento de la piedad aplicada a la guerra: él será tan eterno como el nombre del vencedor de Ayacucho."

Poco tiempo después se le designó para que pasara a Guayaquil como jefe de la división colombiana, con el propósito de apoyar a aquella región que se había declarado hostil al gobierno español.

Después de su llegada a Guayaquil, tuvo que sofocar la traición del Coronel Bartolomé Salgado y del Comandante Nicolás López, los que fueron vencidos rápidamente y tuvieron que buscar en la fuga su salvación.

La dilatada lucha sostenida entre los patriotas de Guayaquil contra los realistas de Quito, de 1820 a 1822, fue solucionada por el General Sucre con el auxilio que le envió el Protector del Perú, don José de San Martín, a principios de 1822, y después de la brillante acción de Pichincha, el 24 de mayo de 1822, en donde mordió el polvo de la derrota el ejército español y quedó prisionero el General Aimerich con lo que le restaba de su fuerza, de acuerdo con la capitulación concedida por el vencedor, y "por la cual rindieron las armas mil doscientos hombres entre soldados y oficiales; se entregaron catorce piezas de artillería, cerca de dos mil fusiles y todos los elementos de guerra que encerraba la ciudad de Quito".

A fines de mayo de 1823 llegaba el General Sucre a Lima, en donde se encontraban las primeras tropas auxiliares de Colombia, que según afirman algunos historiadores, marcó el origen de los graves sucesos que después se sucedieron en el Perú, como consecuencia de las nacientes rivalidades entre algunos jefes, que atribuían a tal medida no pocas miras ambiciosas al Libertador, que había llegado a Lima el primero de septiembre de aquel año. De allí surgieron las facciones rivales de Rivagüero, que aspiraban a que el Perú fuera libertado por este caudillo, para que los colombianos no alcanzaran esta gloria, y la que ansiaba la libertad por la libertad misma.

El Perú, en semejante situación, en presencia del poder español, era en aquella época de triste recordación, un verdadero campo de Agramante.

Por fin, venciendo todos los innumerables obstáculos el genio tutelar de Bolívar y Sucre, después de sangrientos encuentros y traiciones, se llega al día 6 de agosto, en que el Libertador pudo ceñirse los laureles del triunfo en la Batalla de Junín, que fue como la aurora del día esplendoroso que iluminó los campos inmortales de Ayacucho.

Habiéndose trasladado el Libertador a Lima para atender a la organización administrativa del país, para poder continuar la campaña, encargó el mando del ejército al General Sucre.

Después de varios encuentros parciales entre libertadores y realistas, con éxito vario para ambas partes, el Virrey La Serna se decidió a ponerse al frente de sus fuerzas, y así fue que el 9 de diciembre de 1824 se encontraron ambos contendientes en el memorable campo de Ayacucho, "constando el ejército español de 9,300 hombres, y el de Sucre de 5,800, poco menos".

"El Virrey con otro teniente general más, con cuatro mariscales de campo, con diez generales de brigada, ochenta y cuatro coroneles y tenientes coroneles, cuatrocientos ochenta y ocho oficiales de las otras clases, dos mil soldados, once piezas de artillería, inmensa cantidad de fusiles y municiones; todo cayó en poder de Sucre; pero la gloria del vencedor se ostentó menos en la grandeza de la victoria, que en la magnanimidad con que trató a los vencidos."

La Historia y la Leyenda nos dicen con acento que repercute sonoramente a través del tiempo, cómo fue de caballeresca, de romántica, de inmortal –para vencedores y vencidos– la gloriosa Batalla de Ayacucho, en que fue abatido para siempre el poderío español en la tierra bravía de los incas, quedando así sellada con timbre de oro y de hierro la Emancipación de nuestra América.

El 12 de febrero de 1825 se reunió el Congreso del Perú, y decretó merecidos honores y justas recompensas a los nobles luchadores que le habían desatado las cadenas de la opresión de varios siglos, y concedió al General Sucre el título imperecedero de GRAN MARISCAL DE AYACUCHO.

Pero estaba escrito en las páginas misteriosas del libro del destino, que el más puro, el más virtuoso, el más fiel y desinteresado de los libertadores, debía morir siendo víctima de la más horrenda perfidia de los hombres en la tenebrosa encrucijada de Berruecos.

Muchos libros y folletos se han escrito en el curso de cien años para esclarecer el profundo enigma que ha prevalecido alrededor del asesinato del Gran Mariscal de Ayacucho, pudiendo asegurarse que hasta el presente nada se ha comprobado en definitiva acerca de sus verdaderos autores; pues, aun cuando se ha querido comprobar que los autores de aquel crimen nefando fueron el General José María Obando, Comandante General de la provincia de Pasto en aquella época, y los subalternos de éste: Antonio Mariano Álvarez, Apolinar Morillo, José Erazo, Juan Gregorio Sarría, Fidel Torres y otros, todavía persiste la duda más inquietante para poder asegurar su comprobación incontestable, y ha servido, asimismo, de ignominia y de eterno motivo de escarnio para que los partidos militantes de varios de los países que fueron libertados por el esfuerzo ciclópeo de Bolívar y Sucre, se hayan estado cubriendo de cieno durante los muchos años en que permanecieron anarquizados por efecto del instinto devorador de los innúmeros caudillos que se disputaban la preponderancia en el gobierno.

El que haya leído la interesante obra intitulada Historia crítica del asesinato cometido en la persona del Gran Mariscal de Ayacucho, por don Antonio José de Irisarri, queda convencido de que los militares antes mencionados fueron los verdaderos autores de aquel enorme crimen que, como dice el expresado autor, se descubrió de una manera providencial, puesto que al finalizar el año de 1839, y "creyéndose que José Erazo era uno de los peligrosos sostenedores de la guerra civil, encendida en Pasto, de resultas de la supresión de los conventos menores decretada por el Congreso, se envió a traerle preso a la capital de la provincia.

Al pasar por el sitio en que fue asesinado el General Sucre, el oficial que lo conducía le hizo algunas preguntas sobre aquel suceso, como pudo haberlas hecho a cualquiera de los que vivían en aquellas cercanías; pero como el delito nunca duerme profundamente, y siempre teme el ser descubierto, persuadió a Erazo que el motivo de su prisión era el asesinato en que él había tenido una parte tan principal. Sus contestaciones a las preguntas del oficial infundieron en éste algunas sospechas, que comunicó al Comandante Manuel Mutis; y éste, queriendo averiguar por sí mismo lo que Erazo supiese sobre aquel escandaloso acontecimiento, se fue a examinar al preso, y sin mucho trabajo consiguió que aquél le hiciese la revelación de su secreto.

Entonces Mutis, haciéndose acompañar de los coroneles Vicente Bustamante y José Lindo, hizo repetir a Erazo, delante de aquellos dos testigos, lo que había dicho antes a él solo; y estando así asegurado de que aquel mal hombre no le desmentiría sin ser convencido de falso, delató a este asesino el día 4 de noviembre ante el Gobernador de la provincia.

Y es de advertir, que del proceso no consta cuál fue el principio del descubrimiento que se hizo de ser Erazo sabedor del hecho; pero generalmente se refiere del modo que queda expresado, por todos aquellos oficiales que entonces se hallaban en Pasto, y debieron estar perfectamente instruidos en la materia. Pero sea de esto lo que fuere, lo cierto es que se tomaron a Erazo dos declaraciones, en las que fue descubriendo poco a poco lo que le iba pareciendo que podía confesar sin hacerse acreedor al último suplicio, y tratando siempre de decir lo menos posible contra su protector Obando (José María) y su amigo Sarría (Juan Gregorio).

Erazo, en sus dos declaraciones y en su confesión, dijo en síntesis lo siguiente: "que en el mismo día que llegó el General Sucre al Salto de Mayo (en donde vivía Erazo), llegó también el coronel Morillo (Apolinar), llevando dos cartas, una del general Obando y otra del teniente coronel Antonio Mariano Álvarez, las cuales no eran sino unas credenciales que le habían dado, para que por ellas Erazo les auxiliase en la empresa; que el mismo Morillo le daría las instrucciones de viva voz; que éste le aseguró que no se trataba de otra cosa que de asesinar al Gran Mariscal; que él se excusó de darle auxilio; pero que le indicó de quiénes podía valerse para que le acompañasen a cumplir con su comisión, y que él solo le acompañaría, si Sarría, que estaba para llegar a Pasto (donde mandaba Obando), tomaba parte con ellos; que Morillo, en efecto, consiguió que lo siguieran Andrés Rodríguez, Juan Cuzco y Juan Gregorio Rodríguez, de los cuales los dos primeros eran soldados licenciados, que venían de Bogotá, y se hallaban en el Salto en compañía de los veteranos de Vargas, que se habían quedado allí por enfermos; que habiendo Erazo encontrado a Sarría en la Venta, se retiraban juntos para el Salto después de haber hablado con el General Sucre; y que tratando por el camino sobre la comisión de Morillo, preguntó Erazo a Sarría si él los acompañaba a la ejecución de la orden de Obando; y que Sarría contestó: "que le dejara pensar en ello; que él tenía un santo que le revelaba lo bueno y lo malo".

"Para probar Erazo que Morillo le había llevado la comunicación referida, presentó entre otros documentos una carta de Obando y otra de Antonio Mariano Álvarez. La primera está concebida así:

"Buesaco, mayo 28.
Mi estimado Erazo:

El dador de ésta le advertirá de un negocio importante, que es preciso lo haga con él. Él le dirá a la vez todo, y manos a la obra. Oiga todo lo que le diga, y usted dirija el golpe.

Suyo.– José María Obando".

La de Álvarez decía así:

"Pasto, mayo 31 de 1830.

Querido Erazo:

El Comandante Morillo, que es el conductor de ésta, me hará el favor de atenderlo y servirle en cuanto pueda, pues es amigo mío. Vea usted en lo que le puede servir.

Su amigo.– Antonio Mariano Álvarez".

El Congreso Constitucional de Colombia, convocado por el Libertador, se había reunido el 20 de enero de 1830 en Bogotá, y habiendo asistido a él el General Sucre como Diputado por el Ecuador, regresaba a Quito al lado de su familia, que residía en aquella ciudad, en virtud de haberse separado el Ecuador de la unidad colombiana y por haberse disuelto el Congreso Constitucional.

El día 2 de junio de 1830 durmió el General Sucre en el Salto de Mayo, en la propia casa del mencionado José Erazo, en unión de don José Andrés García Trelles, que era Diputado por Cuenca del Congreso disuelto en Bogotá, y de sus asistentes Francisco Colmenares y Lorenzo Caicedo.

El 3 de junio, encontró el General Sucre al mismo Erazo en compañía de Sarría en la Venta Quemada, sobre el mismo camino que él había llevado, y dijo a sus compañeros que le había extrañado mucho no haberle visto en el camino, y que le había manifestado al propio Erazo, "que debía ser un brujo, pues habiéndole dejado en su casa (en el Salto de Mayo), y no habiéndole pasado en el camino, le encuentro ahora delante de mí"; y esto, como bien se comprende, hizo entrar en justa sospecha a la ilustre víctima, quien puso sobre aviso a sus asistentes para que se prepararan para lo que pudiera acontecer; pero, no obstante estos graves presentimientos, el General Sucre invitó a Erazo y a Sarría para que se quedaran aquella noche en la Venta Quemada, pero no lo hicieron así, pretextando que Sarría se dirigía a Popayán en cumplimiento de una importante comisión, y que Erazo regresaría a su citada casa del Salto de Mayo.

El día 4 de junio salió el General Sucre de la Venta Quemada, siempre acompañado del señor García Trelles y de sus ayudantes Colmenares y Caicedo, entre las siete y las ocho de la mañana, con rumbo a Pasto y teniendo que atravesar la escabrosa montaña de Berruecos.

He aquí en síntesis las declaraciones que rindieron en Quito, en el mes de junio de 1830, los compañeros del General Sucre:

El señor García Trelles manifestó:

"que habiendo salido con S. E. de Bogotá, llegaron el tres del presente al tambo llamado la Venta Quemada; que al siguiente día (4), a las ocho de la mañana, salieron de dicha Venta y entraron en la montaña de Berruecos; que habiendo caminado media legua, poco más o menos, cuando en una angostura de dicho monte fueron asaltados a balazos; que en el mismo momento oyó el declarante que S. E. el General dijo: ¡ay! balazo; y que, viéndose en medio del fuego, el declarante metió espuelas a su mula para salvarse del peligro en que se hallaba; que habiendo salido de dicha angostura, volvió naturalmente la cara hacia el sitio del asalto, y que no reparando persona alguna, sólo vio que le seguía el macho en que venía montado S. E. el General, el que estaba herido en la tabla del pescuezo, con cuya vista siguió trotando el declarante hasta la ciudad de Pasto".

El asistente Lorenzo Caicedo se expresó así: "que viniendo el que declara de Popayán para la ciudad de Pasto, sirviendo a S. E. el Gran Mariscal, en un sitio llamado el Salto de Mayo, encontraron al Comandante Erazo, y que siguiendo el camino el general para la Venta, encontró allí al expresado Comandante Erazo, y que habiéndolo visto S. E. el general, le dijo a Erazo: 'Usted será el diablo, que habiéndolo dejado yo ahora poco atrasado, lo encuentro ahora delante de mí', y que contestó Erazo, que había venido tan breve porque traía una diligencia de mucha urgencia; que en seguida, y como a las 3 de la tarde, se presentó en la Venta el Comandante Sarría en unión de un comerciante Manuel Patiño, a quien el declarante conoce, etc., etc."

"Que el siguiente día, cuatro del corriente, continuando su marcha, salieron de la Venta a eso de las siete de la mañana, y que como a una hora de haber andado, se atrasó el declarante a componer su montura, oyó un tiro de fusil y en seguida tres más; que oyendo los tiros, volvió a ver a su general, y lo encontró ya caído en el suelo, atravesado de tres balazos, los dos en el pecho y el uno de la oreja a la cara; que viéndolo muerto, se regresó a la Venta a buscar algún auxilio para sepultar el cadáver; que a poco de su contramarcha le salieron los asesinos a llamar al declarante por su nombre, y que él que declara les contestó que se viniesen, que él solo vengaría la sangre de su amo, etc., etc."

"Que habiendo llegado a la ciudad de Pasto, unos sujetos le dijeron al declarante que no hablara nada, y que procurara salir breve de la ciudad, pues aun él estaba expuesto a que lo asesinaran, pues allí había muchos enemigos; y que aprovechando el aviso, salió cuanto antes."

El otro asistente del General Sucre, Francisco Colmenares, declaró lo siguiente: "Que el 2 del presente llegaron al sitio llamado Salto de Mayo, en el camino que conduce de Popayán a Pasto, y se alojaron en casa del Comandante Erazo; que el 3 se dirigieron a la Venta Quemada, y que habiendo llegado S. E. a la Venta, encontraron en ella al citado Erazo en compañía del Comandante Sarría, y le dijo el primero: 'Usted será brujo, o ha volado, porque dejándolo yo atrás, lo vengo a usted a encontrar delante de mí, sin saber por dónde ha llegado usted aquí'; que en seguida llegó al tambo de la Venta el ciudadano Manuel Patiño, comerciante, etc., etc.; que sin saber el declarante el motivo, por qué, advirtió que S. E. estaba cuidadoso, y aun les manifestaba alistar sus armas, y que le oyó decir: 'mire que se han juntado dos polos'; que el 4 a eso de las ocho de la mañana, siguiendo su marcha para Pasto, entraron en la montaña de Berruecos, y que en uno de los desfiladeros fue asesinado el general, porque siendo el que declara conductor del equipaje, no lo asaltaron a él cuando iba adelante; y que oyendo los tiros se paró, y encontró solo al señor García, y suelto el macho en que venía S. E., etc., etc."

El General José María Obando se defendió en su tiempo de la grave acusación de haber cometido este gran crimen, en el libro que publicó con el título de Apuntamientos para la Historia y en el folleto

Los acusadores de Obando juzgados por sus mismos documentos, y en los cuales hacía responsables de este crimen a los generales Juan José Flores, del Ecuador; Luis Urdaneta y otros; pero es el caso curioso que la Historia consigna, que poco tiempo después de haberse perpetrado este infame asesinato, aparece que los tres compañeros del Coronel Apolinar Morillo "en aquella empresa", Juan Cuzco o Cuzqueño, murió en casa de José Erazo; Andrés Rodríguez, murió repentinamente; y Juan Gregorio Rodríguez, murió en uno de los cuarteles de Popayán; y, por último, el Coronel Apolinar Morillo, murió fusilado en Bogotá el 30 de noviembre de 1842, y poco antes de sufrir su castigo hizo las siguientes declaraciones:

"Es de mi deber perdonar al exgeneral José María Obando, puesto que fue el que me impelió y dio orden para cometer el crimen por el que voy a expiar en un patíbulo mi delito, asimismo perdono a aquellas personas que me indujeron a la perpetración del horrendo asesinato del general Sucre, porque estoy en el momento de entregar mi alma al Creador, y no quiero que ella lleve consigo remordimiento alguno".

Una de las investigaciones históricas más recientes acerca del tenebroso crimen de la montaña de Berruecos, se ha conseguido con el hallazgo de tres de las diez cláusulas del testamento privado que dejó el General Sucre y que fueron encontradas por el conocido historiador e intelectual peruano don José María Barreto, en el archivo de la Legación peruana en La Paz, República de Bolivia, cuando dicha Legación estuvo a cargo del expresado señor Barreto, en 1915.

El legajo que contiene las tres cláusulas testamentarias, está rotulado así: "EXPEDIENTE SEGUIDO POR LA VIUDA DEL GRAN MARISCAL SUCRE, RECLAMANDO DEL GOBIERNO DE BOLIVIA EL PAGO DE 25.000 PESOS, QUE LA CONVENCIÓN DE 1826 ORDENÓ QUE SE DIERAN A DICHO GENERAL EN RECOMPENSA DE SUS SERVICIOS".

He aquí las tres cláusulas del testamento:

PRIMERA: Mi mujer legítima es Mariana Solanda, y tenemos una sola hija, Teresa, que ha cumplido cuatro meses de edad, porque mi mujer no está embarazada.

SEGUNDA: Si yo muero, estando viva mi hija, ella es mi sola y única heredera. Si mi hija muere antes que yo, entonces mi mujer es mi heredera, con excepción del tercio y quinto de mis bienes.

QUINTA: Mi hija o mi mujer elegirán de entre mis bienes lo que ellas gusten por herencia, y puesto que a la primera nada reservo, comprende este artículo a la segunda.

"Los diez artículos que anteceden, escritos de mi puño y letra, son válidos como un testamento en forma, y si yo falleciere sin haber hecho otro con fecha posterior al presente. — Quito, 10 de noviembre de 1829, el décimo nono de la Independencia. — ANTONIO JOSÉ DE SUCRE.

La viuda del General Sucre, doña Mariana Carcelén y Larrea, llamada Marquesa de Solanda, era quiteña, de la mejor sociedad de aquella época, y se casó por poder con el Gran Mariscal de Ayacucho, cuarenta y ocho horas después del atentado que se cometió contra aquél en Chuquisaca, el 18 de abril de 1828, siendo el general Sucre Presidente de Bolivia, y de cuyo atentado quedó con el brazo derecho roto y herido en la cabeza.

En su matrimonio lo representó el Coronel ecuatoriano don Vicente Aguirre, quien fue el depositario del testamento cerrado de que se ha hecho mención anteriormente.

La Marquesa de Solanda, de quien tanto se ha ocupado la Historia con motivo del crimen relacionado, aparece casándose seis meses después del asesinato del General Sucre, con su antiguo novio el General Isidoro Barriga, y la única hija que tuvo con el Gran Mariscal, la pequeña María Teresa, nacida el 10 de julio de 1829, murió trágicamente el 16 de noviembre de 1831.

Se refiere que ese día el General Barriga, el nuevo esposo de la Marquesa, tenía en los brazos a María Teresa, paseándose con ella frente al balcón de su casa, en Quito, y que repentinamente se le desprendió de los brazos, cayendo desde lo alto en la calle en donde murió inmediatamente.

Todos los pormenores del testamento del General Sucre y la trágica muerte de su única hija, que la Historia ha ido analizando con serenidad y método, han de arrojar luz suficiente, con el tiempo y el estudio desapasionado, acerca del esclarecimiento definitivo del espantoso crimen de Berruecos, que tantos prejuicios morales e intelectuales ha producido a nuestra América.

"Su espada era quizás, de México al Plata, la única espada libertadora cuyo filo certero y leal podía muy bien hacer de fiel irreprochable en la balanza de la justicia. Y su justicia en Ayacucho había de coincidir necesariamente con la magnanimidad y la clemencia", ha dicho lapidariamente del Gran Mariscal Sucre el extinto y enjundioso escritor venezolano Manuel Díaz Rodríguez, en su medular y brillante estudio intitulado: AYACUCHO EN LA REVOLUCIÓN DE HISPANOAMÉRICA.

Así terminó su prócer existencia aquel caballero gentil; aquel esforzado paladín de la pugna libertaria, que hizo flamear en las níveas cumbres de los Andes majestuosos las banderas triunfales de Pichincha, Ayacucho y de Tarqui, en plena juventud, a los treinta y siete años, y con el corazón henchido de un santo amor por la Diosa Libertad.

Tegucigalpa, 4 de junio de 1930.

CENTENARIO DE LA MUERTE DEL LIBERTADOR SIMÓN BOLÍVAR

"El título de Libertador es superior a todos los que ha recibido el orgullo humano."
Bolívar

Para poder hablar de la vida extraordinaria y de las proezas estupendas del Libertador Simón Bolívar, es preciso estar entre relámpagos y truenos, como en el Apocalipsis de San Juan; pues no se concibe de otro modo el genio portentoso y la figura epónima del inmortal caraqueño que hizo surgir a la vida de la Libertad, a su conjuro milagroso, entre eclosiones de luz y de sombra, como un nuevo Dios, una constelación de naciones libres, en la extensión inmutable de la pampa de granito que imperaba en nuestra América al favor de la bárbara Conquista.

Este Señor Don Quijote, amador impenitente del ideal heroico de la Libertad, que hizo de nuestra virgen América el ensueño luminoso de su nueva Dulcinea, llevado por esa inspiración genial que algunos hombres de ciencia han dado en llamar fríamente, inmisericordemente, la "Epilepsia del Libertador", nació en la ciudad de Caracas, capital de la antigua Capitanía General de Venezuela, el día 24 de julio de 1783, y sus padres fueron el Coronel de milicias don Juan Vicente Bolívar y Ponte y doña María de la Concepción Palacios y Blanco.

He aquí lo que se sabe acerca de los ascendientes del Libertador:

"En su casa de la Rementería, en el Señorío de Vizcaya, en el pueblo de Bolibar, vivió un matrimonio constituido por Ochoa de la Rementería y María de Audiepe. Tuvieron un hijo llamado Martín Ochoa de la Rementería, que casó con Magdalena de Ibargüen. De este matrimonio nació Simón que se llamó de Bolibar en virtud del derecho que tenían los hijos legítimos de adoptar apellidos diferentes al de sus padres".

159

"Simón de Bolibar pasó a la América, contrajo matrimonio en Santo Domingo, tuvo un hijo, Simón también, y después de enviudar se trasladó a Venezuela. Su hijo, según el profesor Jules Humbert, Andrés F. Ponte y Felipe Francia, fue el fundador de la familia Bolívar de la provincia de Venezuela. Casóse en segundas nupcias con Beatriz de Rojas, de quien tuvo a Luisa y Antonio. Este se unió a Luisa de Marmolejo; enviudó y se casó nuevamente: de su matrimonio con Leonor de Rebolledo nació Luis de Bolívar y Rebolledo que contrajo matrimonio con María Martínez de Villegas. Entre sus hijos se recuerdan a Juan de Bolívar y Martínez de Villegas, quien en su segundo matrimonio con Petronila de Ponte, nació Juan Vicente de Bolívar y Ponte, que fue el padre del Libertador".

"Cuanto a doña María de la Concepción Palacios y Blanco, sus abuelos remotos mejor conocidos, según Felipe Francia, fueron Juan de Palacios, casado con María de Sojo. Ambos eran naturales de Barberena, en la provincia de Burgos, España. De sus hijos, Andrés de Palacios Sojo unióse con María de Zárate y tuvo a José de Palacios Sojo, que fue el fundador de la familia caraqueña. Casóse éste, enviudó y volvió a casarse: Feliciano de Palacios fue el fruto de su amor con su mujer Isabel María Gedler. Se casó el hijo, dos veces también como su padre, y de su segunda esposa, Isabel Gil Aguirre, nació Feliciano, célebre por su fecundidad genital. De su numerosa prole fue Feliciano de Palacios y Gil de Aguirre, casado con Francisca Blanco y Herrera, tan fecunda como la madre de su marido. En fin, de este matrimonio nació doña María de la Concepción Palacios y Blanco, que fue la madre del Libertador".

Entre los muchos ascendientes de Bolívar figuraron no pocos conquistadores y fundadores de pueblos en varios lugares de la provincia venezolana; y por eso el conocido historiador L. Duarte Level, en su estudio intitulado La Familia de Bolívar, dice lo siguiente: "No fue el Libertador un hombre improvisado. Vino al mundo armado de todas las cualidades necesarias para la lucha y para el mando. Tenía de los Bolívar la sangre vizcaína con aquellas ideas sobre la guerra sin cuartel, embargo de propiedades, definición absoluta y obligatoria que desarrollara tenazmente en su carrera política; de Rebolledo heredó el valor personal; de Juan de Martínez la tenacidad con que éste gastó su vida y sus caudales en la conquista de Nirgua; cruel como Juan de Villegas; desinteresado como aquel Francisco Martínez de Madrid, que gastó más de cuarenta años en la conquista de Venezuela a su costa; Juan Martínez de Villegas le trajo el espíritu desordenado con el dinero; Juan Ladrón le dio la audacia con que éste marchó sobre Lopez de Aguirre".

Nosotros decimos que la máxima personalidad del Libertador Simón Bolívar, es la suprema concreción de dos razas que se fundieron en el crisol de la eternidad para dar vida a ese esfuerzo sobrehumano que sintetiza todas las virtudes y las taras de la raza ibérica y de la raza criolla indoamericana, a través de los ciclos de la Historia.

De su infancia se refieren muchas e interesantes narraciones, que demuestran la actividad que siempre probó en su vida el Libertador, haciendo que su madre, ya huérfano de padre, lo pusiera desde la edad de seis años bajo el cuidado de su tutor el Licenciado don José Miguel Sanz, y poco después bajo la dirección intelectual del padre Andújar y de los señores Vides, Pelgrón, Andrés Bello y Simón Rodríguez.

En 1792 había quedado huérfano de padres, y pasó bajo la tutela de su abuelo materno don Feliciano Palacios, y a los dieciséis años, o sea en 1799, partió con rumbo a Europa, con el fin de adquirir mejores conocimientos.

En Madrid contrajo matrimonio en 1801, a los dieciocho años, con la señorita Teresa Rodríguez del Toro y Alaiza, que fue hija de don Bernardo Rodríguez del Toro y Ascanio y de doña Benita de Alaiza.

La esposa del futuro Libertador falleció en Caracas, antes de cumplir dos años de matrimonio, el 22 de enero de 1803, víctima de una fiebre fulminante, y sin dejar sucesión, y no hay duda que este luctuoso suceso influyó poderosamente en el destino del Libertador, pues él mismo lo aseguró al decir a Perú de Lacroix, en el "Diario de Bucaramanga", cuando le manifestó que él no tenía dieciocho años cuando se había casado en Madrid, enviudando antes de los diecinueve años, y confiándole esta intimidad: "Quise mucho a mi mujer, y su muerte me hizo jurar no volver a casarme. He cumplido mi palabra. Miren ustedes lo que son las cosas; si no hubiera enviudado quizá mi vida hubiera sido otra; no sería el General

Bolívar, ni el Libertador, aunque convengo en que mi genio no era para ser Alcalde de San Mateo".

Y agrega a continuación: "Muerta mi mujer y desolado yo con aquella pérdida precoz e inesperada, volví a España, y de Madrid pasé a Francia y después a Italia. Ya entonces iba tomando algún interés por los asuntos públicos. La política me atraía, y yo seguía sus variados movimientos. Vi en París, en 1804, la coronación de Napoleón. Aquel acto magnífico me entusiasmó, pero menos por su pompa que los sentimientos de amor que un inmenso pueblo manifestaba por el héroe".

"Aquella efusión general de todos los corazones, aquel libre y espontáneo movimiento popular, excitado por las glorias, por las heroicas hazañas de Napoleón, vitoreado en aquel momento por más de un millón de personas, me pareció ser, para el que recibía aquellas ovaciones, el último grado de las aspiraciones humanas, el supremo deseo y la suprema ambición del hombre. La corona que se puso Napoleón sobre la cabeza la miré como una cosa admirable y de moda gótica; lo que me pareció grande fue la aclamación universal y el interés que inspiraba su persona".

"Esto, lo confieso, me hizo pensar en la esclavitud de mi país y en la gloria que conquistaría el que lo libertase; pero ¡cuán lejos me hallaba de imaginar que tal fortuna me aguardaba! Más tarde sí empecé a lisonjearme de que un día podría yo cooperar a su libertad, pero no que representaría el primer papel en aquel grande acontecimiento. Sin la muerte de mi mujer no hubiera hecho mi segundo viaje a Europa, y es de creerse que en Caracas o San Mateo, no me hubieran nacido las ideas que adquirí en mis viajes, y en América no hubiera formado aquella experiencia, ni hecho aquel estudio del mundo, de los hombres y de las cosas que tanto me ha servido en todo el curso de mi carrera política. La muerte de mi mujer me puso muy temprano en el camino de la política, y me hizo seguir después el carro de Marte en lugar de seguir el arado de Ceres. Vean, pues, ustedes, si ha influido o no sobre mi suerte".

De la capital de España pasó Bolívar a París y de ahí a Viena, al saber que en aquella ciudad se encontraba su antiguo maestro don Simón Rodríguez, el célebre filósofo, químico, pedagogo y políglota, que había salido de Venezuela furtivamente desde 1797 como consecuencia de la abortada revolución de Gual y España, en la que aparecía complicado.

De la capital de Austria pasó Bolívar a Italia, ya en unión de su maestro Rodríguez, con quien le unían los vínculos de una estrecha amistad y fue quien, según afirman no pocos historiadores, contribuyó en mucho a cimentar en su espíritu las ideas de libertad y de grandeza con que después se destacó el Libertador en el mundo americano.

Ya en Roma, en 1805, se inicia el ciclo de la rebeldía heroica del futuro Prócer de la libertad, y es entonces cuando, ascendiendo al Monte Sacro en unión de su maestro Rodríguez, al declinar de una hermosa tarde, jura sobre aquella tierra legendaria luchar por obtener la libertad de su patria, y declama el siguiente juramento: "¡Juro delante de usted —refiriéndose a su maestro Rodríguez—, juro por el Dios de mis padres, juro por ellos, juro por mi honor y juro por mi patria que no daré descanso a mi brazo ni reposo a mi alma, hasta que haya roto las cadenas que nos oprimen por voluntad del poder español!"

De regreso a su patria, empieza a desarrollar sus levantados propósitos de libertad, y le vemos figurar en la Sociedad Patriótica de Caracas, siendo uno de los fogosos oradores que el 3 de julio de 1810, pide que se pongan en práctica, cuanto antes, los procedimientos que apresuren los resultados inmediatos de la Revolución, por aquello que decía: ¡Vacilar es perdernos!

Cuando el tremendo terremoto que destruyó a Caracas el 26 de marzo de 1812, causando 12.000 víctimas, era Bolívar ayudante del Marqués del Toro, gran patriota y hombre de acción, y fue entonces cuando, sobreponiéndose al pánico general que reinaba en la capital, y encarándose a un sacerdote que predicaba la sumisión al Rey de España Fernando VII, asegurando que el terremoto era un castigo del cielo por la rebelión iniciada, Bolívar exclama, arrojando al sacerdote de la cátedra sagrada: "¡La naturaleza conspira con el despotismo. Pretende atajarnos el paso. Pues bien, lucharemos contra ella y la haremos que nos obedezca!"

Bajo las órdenes del General Francisco de Miranda, el Precursor de la Emancipación de Hispanoamérica, principió a prestar sus servicios en la causa redentora, iniciándose con mala suerte, al grado que el 1° de julio de 1812, perdía la valiosa posición militar de Puerto

Cabello que se había confiado a su defensa, debido a la traición de un tal Vinoni que años después pagó su crimen muriendo ahorcado después de la gloriosa batalla de Boyacá.

Después de este desastre se trasladó Bolívar al territorio de la Nueva Granada, y en Cartagena de Indias suscribe su célebre Manifiesto de 15 de diciembre de 1812, dirigido a los habitantes de la Nueva Granada, en donde se revela la honda amargura de aquel espíritu esforzado que empezaba a sentir los acíbares de los vaivenes de la vida en su gigantesca empresa de libertar un mundo, en lo cual contribuía, indudablemente, los recientes sucesos de Puerto Cabello y la prisión del General Miranda en que él intervino por considerarlo traidor a la causa de la Emancipación, por su capitulación de La Victoria, entregando la plaza a los españoles.

En este Manifiesto, dice un comentarista, se admira la iluminación del genio, y el estilo grandilocuente que más tarde imprimió a todos sus escritos y arengas el Libertador.

En 1813 invade el territorio venezolano por el lado de Cúcuta, a la cabeza de 500 combatientes, y después de vencer en varios encuentros sangrientos a los peninsulares, llega al fin con su ejército victorioso al seno de su ciudad nativa, la invicta Caracas, el 6 de agosto de 1813, siendo proclamado desde aquella fecha como el Libertador de nuestra América, y el 2 de enero de 1814 como Presidente de Venezuela, prosiguiendo así la guerra por la Independencia.

El Decreto de Trujillo de 15 de junio de 1813, por el cual se declaraba la guerra a muerte y que decía en síntesis: ¡Españoles y Canarios! ¡Contad con la muerte aun siendo indiferentes!, y que tan comentado ha sido por los historiadores, ha sido al fin justificado como una cruel necesidad en defensa de la causa libertaria y como una represalia de los crímenes cometidos por los españoles mandados por Cerveriz, Antoñanzas, Boves, Morales y Zuazola contra los independientes y aun contra los neutrales, entre ellos, mujeres, niños y ancianos inocentes que perecieron injustamente en aquella enorme hecatombe que la Historia recuerda con piedad y con horror.

Como consecuencia de las primeras manifestaciones de la guerra civil entre algunos jefes de la Revolución, entre ellos Mariño, Bermúdez y otros, el Libertador tuvo que retirarse del solar venezolano, para evitar mayores desgracias, y vivió en Jamaica y Haití, y sólo regresó a la Patria a mediados de 1816, acompañado por unos pocos valientes oficiales para proseguir la magna pugna por la libertad, y cuyo regreso se designa con el nombre de "Expedición de Los Cayos", tan bien descrita y documentada por el Dr. Vicente Lecuna, y la cual fue apoyada decididamente por el Presidente de Haití, General Alejandro Pétion, y que dio tan buenos frutos para el triunfo de la Emancipación.

El 21 de marzo de 1817, levantando el sitio de Barcelona, se dirige el Libertador a la Guayana, y a principios del mes de abril ordenó al General Antonio Piar atacar a los realistas que mandaba el General La Torre, dándose el día 11 la batalla de San Félix, en donde se cubrieron de gloria las armas republicanas, y sirvió de pedestal de inmortalidad al General Piar, y pocos meses después a su sacrificio por su insubordinación contra las disposiciones militares del Libertador, habiendo sido fusilado en Angostura el 16 de octubre de 1817, como una medida dolorosa para contener la anarquía que ya reinaba entre algunos jefes republicanos que aspiraban a ejercer hegemonía en el desarrollo de los acontecimientos de la naciente República, y como una consecuencia de las tendencias desorbitantes que pretendió erigir en tal sentido el llamado "Congresillo de Ciriaco", reunido en San Felipe de Ciriaco el 8 de mayo de aquel mismo año, con el fin principal de desconocer la autoridad reconocida que ejercía el Libertador en los destinos de la lucha emprendida.

Después de este doloroso sacrificio, necesario para la vida de la balbuciente República, se precipitan los acontecimientos bélicos en una fuga vertiginosa en el sangriento escenario de la guerra; y el Libertador se apresta, una vez más, para medir sus fuerzas con sus temibles contendientes, pero ahora con mayores probabilidades de éxito, toda vez que para esa época ya contaba con siete mil soldados que opondría al enorme bloque de diez y siete mil hombres de que disponía el General realista Pablo Morillo, para disputarle, palmo a palmo, la posesión de la Capitanía General de Venezuela.

En 1818 vemos que la personalidad del esforzado caraqueño ha cobrado los relieves de un gigante digno del epinicio y de los laureles del triunfo inmortal, y principia a extender su acción avasalladora hasta tramontar las escarpadas cumbres de los Andes majestuosos, coronadas de nieves eternas, desafiando el páramo de Pisba, superando con su arresto de titán al mismo Aníbal a su paso por los Alpes, hasta llegar al campo esplendoroso de Boyacá, en donde sella con su empuje sobrehumano la Independencia de la Nueva Granada, el 7 de agosto de 1819.

Y después, el genio portentoso se cierne como un cóndor victorioso por los cielos de la Historia y, afirmando sus pendones inmortales en los campos sagrados de Carabobo, Junín, Pichincha y Ayacucho, cumpliendo así con su juramento del Monte Sacro de libertar a su Patria, infunde vida a cinco naciones que hoy forman parte en el concierto de los pueblos civilizados, venciendo la enorme resistencia, más que todo de los criollos o nativos, que de los peninsulares que le combatían por conservar el honor y el prestigio de su Rey y de su Patria y el predominio en estas ricas regiones de nuestra América.

Desde cualquier punto de vista que se estudie la personalidad del Libertador Simón Bolívar, ya sea como político, legislador, guerrero o escritor, se llega forzosamente a la conclusión de que fue un genio extraordinario que supo escudriñar el alma social y que, como un nuevo Jesucristo, legó a la posteridad todo un Evangelio de amor y de sacrificio en bien de las naciones que él libertó del yugo de muchos siglos de esclavitud y de barbarie, cumpliendo así con un apostolado de pensamiento y de acción idealista para que hoy se le considere como el Señor Don Quijote de nuestra América, que supo vivir, luchar y morir por el Sagrado Ideal que llenó toda su existencia con el noble ensueño de amar eternamente a su adorada Dulcinea, la Libertad, y sin llegar a conquistar la realidad de su dulce y trágica quimera.

Basta recordar que, estando ya el Libertador en Santa Marta, cuando faltaban pocos días para que se extinguiera su existencia, tuvo con el Dr. Réverend el siguiente diálogo:

—Dígame, Doctor: ¿Qué vino usted a buscar a la América?

Y el interpelado le contesta:

—Yo he venido a buscar la Libertad.

—¿Y ha tenido usted la dicha de encontrarla?

—Sí, señor —le contesta el Dr. Réverend.

—Pues yo le felicito —le dice el Libertador— porque usted ha sido más afortunado que yo.

Hasta ese extremo había llegado el pesimismo del Libertador, de negar su gran obra por la ingratitud de los mismos hombres que había libertado de la esclavitud, y por eso, en carta que le dirigiera desde Bucaramanga al General Pedro Briceño Méndez, con fecha 15 de abril de 1828, le decía:

"Pensarán sin duda que es causa mía la que se les ha cometido. ¡Qué insensatez! ¿Para qué necesitaré yo de Colombia? ¡Hasta sus ruinas han de aumentar mis glorias! Serán los colombianos los que pasarán a la posteridad cubiertos de ignominia, pero no yo. Ninguna pasión me ciega en esta parte, y si para algo sirviera la pasión en juicios de esta naturaleza, sería para dar testimonios irrefragables de pureza y desprendimiento. Mi único amor ha sido siempre el de la Patria; mi única ambición, la libertad. Los que me atribuyen otra cosa, no me conocen ni me han conocido nunca. Es tanto lo que me atormenta la vil suposición de que yo tengo miras personales, que estoy resuelto y aun desesperado por irme, para probarles lo contrario, y aun haría más si fuera necesario. Quizás, quizás si alguna vez me voy y de mi vuelta depende la vida de Colombia, la deje perecer, por no mandar; y aun la condenaría a la nada, para que se viera que nada quería; tanto es lo que se ha herido mi orgullo en la parte más delicada."

En otra carta de fecha 23 de abril del mismo año, enviada al mismo General Briceño Méndez, desde Bucaramanga, le decía el Libertador:

"Si Ud. quiere que le dé mi opinión con respecto a Ud., le aconsejaré que se retire para Venezuela, puesto que Ud. es sospechoso, porque se le supone órgano de mis ideas. Esos miserables debieran considerarlo como el dedo de la Providencia, que quería dirigirlos a su salud; pero ya que me ultrajan y lo ultrajan a Ud., que se queden ellos con su sospecha y se ahoguen en su propio cieno. ¡Miserables! Hasta el aire que respiran se los he dado yo, y yo soy el despreciado y sospechoso, y despreciados mis amigos y mis parientes. ¡Está bien!"

Y todavía hay quien denigre la memoria luminosa de aquel Gran Sacrificado en aras de la Libertad, a quien hoy todos los pueblos del mundo civilizado le rinden justa pleitesía por su obra bienhechora realizada en bien de la Humanidad.

Centenares de volúmenes se han escrito alrededor de la personalidad del Libertador, y en casi todos ellos se ha reconocido su heroicidad genial y su noble desprendimiento por alcanzar un levantado propósito de regeneración, de liberación humana, de sacrificio y de alta emulación en bien de una fúlgida esperanza de mejoramiento social del Nuevo Mundo; y si leemos las "Memorias" del General O'Leary, el "Diario de Bucaramanga", de Perú de Lacroix, los "Documentos para la vida pública del Libertador", por Blanco y Azpurúa, o "Al margen de la Epopeya" por Eloy G. González, luego nos convencemos de esta verdad que han reconocido desapasionadamente hasta los mismos adversarios del Libertador, acerca de la inmensa trascendencia de su obra redentora en bien de la libertad.

Por eso el egregio escritor don Eduardo Blanco, en las páginas de oro de su obra monumental Venezuela Heroica, se expresa de esta manera:

"Empero, así como del choque de encontradas nubes se produce el rayo, de las opuestas fuerzas de la República y del absolutismo surgió el Genio singular que daría cima a las reprimidas aspiraciones de la Patria, que el estupor y el absolutismo trocaría, en breve, en canto de victoria, y que tras recio batallar crearía a la Gran Colombia".

"Aquel atleta, hasta entonces no estimado en su justo valor, era Bolívar".

Después de tanto luchar por la magna causa en bien de los pueblos, de experimentar todas las ingratitudes de los hombres, lleno de un hondo pesimismo, y de contemplar adolorido el desgarramiento de su obra grandiosa, busca refugio con su profunda decepción en distintos lugares de la Costa Atlántica de Colombia, primeramente en Cartagena, en Barranquilla, en Soledad y Sabanilla, llegando por último a Santa Marta, en donde se extinguió su prócer existencia.

El Libertador había salido de Bogotá con rumbo al Atlántico, después de la disolución del Congreso de la Gran Colombia y de haber renunciado a la Presidencia, en la mañana del 7 de mayo de 1830, teniendo pocos días antes de su marcha su última entrevista con el Gran Mariscal de Ayacucho, General Sucre, en aquella ciudad. Iba con el propósito de trasladarse a Europa, en donde pensaba pasar los últimos años de su agitada existencia; pero se afirma que el barco que lo conduciría al Viejo Mundo, naufragó en la barra de Cartagena, y el Libertador agotó todos los recursos de que disponía, repartiéndolos entre sus compañeros de armas y las numerosas personas que le solicitaban sus auxilios por atravesar dificultades económicas.

En esta última entrevista, el Mariscal Sucre, según se refiere, le rogó al Libertador Bolívar que se fuera a vivir al Ecuador, en donde era muy querido y respetado; pero Bolívar se negó a ello, y como afirma el conocido historiador colombiano Pinzón Uzcátegui, le contestó así al General Sucre:

"La República se va a dividir en partidos; en cualquier parte que me halle me buscarán para caudillo del que se levante allí; y ni mi dignidad ni mi puesto me permiten hacerme jefe de facciones".

Después de esta entrevista de los dos próceres, antes de cumplirse un mes, el Gran Mariscal de Ayacucho, General Sucre, a su regreso de Bogotá para Quito, en donde tenía establecido su hogar, caía bárbaramente asesinado por las balas de la traición en la tenebrosa montaña de Berruecos.

El primero de diciembre de 1830 llegaba el Libertador a Santa Marta, e inmediatamente fue atendido por el jefe de aquella zona militar, Benemérito General Mariano Montilla, su antiguo y leal compañero de armas, quien designó para que lo asistiera en su enfermedad al médico francés Alejandro Próspero Réverend, lo mismo que al norteamericano Mac Night. El Dr. Réverend llevó cuidadosamente un diario clínico del ilustre paciente, que tanto ha servido a los historiadores y médicos para estudiar detenidamente los últimos momentos de aquella egregia existencia.

En Santa Marta pidió el 6 de diciembre que lo trasladaran al campo y fue llevado a la Quinta de San Pedro Alejandrino, distante una legua de aquel puerto colombiano, y desde esa fecha puede decirse que principió la crisis de la enfermedad.

El Dr. Réverend, en su Boletín del día 8 de diciembre, manifiesta que la enfermedad ha principiado a variar: "Se observa entorpecimiento intelectual" —comenta el Dr. Diego Carbonel— "y como la expectoración estaba casi suprimida, añade el médico que la materia morbífica por un movimiento metastático del pecho subía a la cabeza; la noche siguiente hubo delirio a causa de ese movimiento metastático de la materia morbífica, lo cual equivale en síntesis a una mayor absorción de toxinas tuberculosas o bacilares, debido a que la expectoración no se producía: ya comenzaba la paresia de los músculos bronquiales".

El día 8 se confiesa y recibe los santos sacramentos que le suministra el Cura Párroco de la aldea inmediata de Mamatoco, y no el Obispo de Santa Marta, Dr. José María Estévez, como han dicho algunos historiadores.

El día 10 de diciembre hizo su testamento y dictó a su escribiente la siguiente Proclama, que la historia ha recogido como el último chispazo del cerebro de aquel genio y que dice así:

"¡Colombianos! Habéis presenciado mis esfuerzos para plantear la libertad donde reinaba antes la tiranía. He trabajado con desinterés, abandonando mi fortuna y aun mi tranquilidad. Me separé del mando cuando me persuadí que desconfiabais de mi desprendimiento. Mis enemigos abusaron de vuestra credulidad y hollaron lo que me es más sagrado: mi reputación y mi amor a la libertad. He sido víctima de mis perseguidores, que me han conducido a las puertas del sepulcro. Yo los perdono.

Al desaparecer de en medio de vosotros, mi cariño me dice que debo hacer la manifestación de mis últimos deseos. No aspiro a otra gloria que a la consolidación de Colombia. Todos debéis trabajar por el bien inestimable de la unión; los pueblos obedeciendo al actual gobierno, para librarse de la anarquía; los ministros del Santuario dirigiendo sus oraciones al cielo, y los militares empleando su espada en defender las garantías sociales.

¡Colombianos! Mis últimos votos son por la felicidad de la Patria: si mi muerte contribuye para que cesen los partidos y se consolide la unión, yo bajaré tranquilo al sepulcro."

El Libertador, haciendo un supremo esfuerzo, se incorporó en su lecho, y escribió, por última vez, al pie de la anterior Proclama:

SIMÓN BOLÍVAR.

Habiendo hecho el Doctor Réverend la autopsia del cadáver, "encontró los pulmones dañados, estando las pleuras pulmonares pegadas a las pleuras costales;" y según el diagnóstico del facultativo francés, la enfermedad que concluyó con aquella gloriosa existencia, "fue en su principio un catarro pulmonar, que habiendo sido descuidado, pasó al estado crónico y consecutivamente degeneró en tisis tuberculosa".

El Libertador Simón Bolívar falleció a la edad de 47 años, 4 meses y 23 días, pues había nacido, como dijimos anteriormente, el 24 de julio de 1783.

Sus restos fueron sepultados, sencillamente, sin ninguna pompa, en la Iglesia Catedral de Santa Marta, el 20 de diciembre, y de donde fueron trasladados a Caracas en diciembre del año de 1842, siendo Presidente de Venezuela el Benemérito General José Antonio Páez, antiguo compañero de Bolívar en la guerra de la Independencia.

¡Y, oh ironía de la vida! La Quinta de San Pedro Alejandrino, en donde murió el Libertador, era de propiedad del caballero español don Joaquín de Mier, quien la puso bondadosamente a su servicio, como último refugio de sus perseguidores y calumniadores.

Ya en 1812 otro ciudadano español, don Francisco Iturbe, le había salvado la vida al Libertador, cuando era el Coronel Bolívar, ofreciendo la suya al General peninsular Domingo Monteverde, después del desastre de los republicanos en Puerto Cabello y de la traición del puerto de La Guaira.

Hoy se cumple un siglo de haber descendido, a la una de la tarde, al seno de la tierra maternal, aquel invicto paladín de la Libertad, y por eso todas las naciones bolivarianas y del mundo civilizado, se han apresurado a rendirle una justa pleitesía a su gloria radiosa e indestructible que, al correr del tiempo, se ha convertido en un símbolo esplendente de la raza autóctona, que perdurará eternamente por sobre todos los prejuicios y estrecheces de las pasiones de los hombres.

¡Por eso, ¡oh Padre inmortal! el coro de las naciones que surgieron al conjuro de tu palabra omnipotente, hoy exclama reverente y conmovido a tu gloriosa memoria:

¡Salve, mil veces salve! ¡Oh, divino Señor Don Quijote que hiciste nacer a la vida de la Justicia y el Derecho, a esta Virgen América que no soñó Colón!

Tegucigalpa, Honduras, 17 de diciembre de 1930.

MEMORIAS DEL GENERAL MORAZÁN

Para escribir la vida de los hombres públicos que han figurado en tiempos pacíficos bajo un Gobierno constitucional, basta conocer los hechos y las leyes, y ser exacto e imparcial en las observaciones. Para conocer la de los que han figurado en tiempos de revolución y anarquía cuando no ha existido más ley que la salvación de la patria, no es suficiente hallarse impuesto de los sucesos, conocer sus causas ostensibles y pesar las circunstancias que influyeran en ellas; es también necesario buscar el verdadero espíritu que los ha dictado, en los secretos del corazón humano; sin dejarse seducir por los que, aparentando imparcialidad, se constituyen en intérpretes de éste con la mira de satisfacer sus bajas y mezquinas pasiones.

Una misma acción puede ser aconsejada por el interés común, o sugerida por una atroz venganza, y merecer en aquel caso la aprobación pública, o ser en éste reputada por un delito imperdonable.

La muerte de César habría sido un crimen a los ojos de los romanos, si éstos no hubiesen conocido los motivos que obligaron a Bruto a ejecutarla; y no se atribuyera hoy al Gobierno inglés el deseo de abreviar los días de la vida de Napoleón, si hubiera justificado las causas que le obligaron a colocarle bajo la mortífera atmósfera de la isla de Santa Elena.

No es menos cierto que el espíritu de partido ha podido engañar muchas veces al escritor imparcial, y trasmitir por este artificioso medio a la posteridad, como verdades históricas, lo que sólo era obra de la venganza y de la adulación.

Pero esta falta no pertenece exclusivamente a los que nos han dado a conocer lo que ha ocurrido en el antiguo mundo: lo es también de los que se dedican a instruir a las generaciones venideras de lo que pasa en el nuevo, en donde han adquirido numerosos estímulos las pasiones, por el abuso que se hace de la imprenta.

No se crea por esto que yo desee que se limite por una censura previa. Cualquiera que se establezca para destruir un vicio, que es inherente a la libertad de publicar los pensamientos, llevaría consigo el germen que también destruyese esta saludable institución, que si ha sido el mejor sostén de los Gobiernos monárquicos moderados, es, sin disputa, el alma de las instituciones democráticas.

Sí; varias veces se ha abusado de ella contra mí para insultarme; y protesto a los centroamericanos a quienes me dirijo, que lejos de disputar a mis enemigos la posesión de este miserable recurso, procuraré no traspasar los límites de la moderación y del decoro.

No escribo para exaltar pasiones, y menos para revelar faltas y decir injurias a los que me han calumniado en sus memorias impresas en las ciudades de Jalapa y México; sólo tomo la pluma para vindicarme.

Sólo este sentimiento ha podido vencer la resistencia que siempre he tenido para hablar a la Nación, aun en favor de mi propia causa, porque ni nunca me he considerado con la disposición que se requiere en aquel caso, ni con la humildad que se necesita en éste para mendigar un defensor, pues siempre he creído que el que no aspira a engañar, debe presentarse al pueblo con sus propios colores.

En los ocho años que serví a la primera Magistratura, muchos de mis enemigos obtuvieron destinos públicos, sin detenerse a examinar la legalidad de mi elección, ni los motivos que me conservaron en el poder; y a otros que me prodigaban injurias, siempre les acredité con mi silencio, que no deseaba hacer uso para desmentirlos de las ventajas que me daba mi posición. Mas cuando observé que en la desgracia hasta algunos de mis amigos me juzgaban, me decidí a escribir mi vida pública.

No pudiendo fiar a la memoria todos los acontecimientos ocurridos en una revolución de catorce años, pedí los documentos necesarios a Centro-América.

Pero entretanto estos llegan, el tiempo pasa, mis enemigos dan una siniestra interpretación a mi silencio, arrojan sobre mi nuevas calumnias, y no se halla al alcance de todos mi conducta pública que los desmienta. Es por esto que me veo obligado ahora a hablar siquiera de una manera sucinta de los principales acontecimientos ocurridos en la revolución de 1828, que han sido maliciosamente desfigurados por unos, y censurados injustamente por otros. Procuraré apoyarlos en documentos dignos de toda fe, y en testigos, que a la calidad de intachables, por el buen crédito que me merecen, reúnan la particular circunstancia de contarse ellos en el número de mis enemigos. La relación íntima que tienen algunos de los hechos que voy ahora a referir, acaecidos antes de la guerra de 1828, con la materia de que me ocupo, no me permite pasar aquellos en silencio.

La elección del Presidente de la República hecha por el Congreso en el ciudadano Manuel José Arce, contrariando el voto de los pueblos, que dieron su sufragio al ciudadano José del Valle fue, en mi concepto, el origen de las desgracias de aquella época.

Dos partidos concurrieron a ella. En el uno se hallaban los más ardientes defensores de la independencia y los mejores amigos de la libertad. Estos le dieron sus votos para que sostuviese la Constitución Federal, que era obra suya.

Se encontraban en el otro los enemigos de esta Constitución, los amigos de la dependencia española (los frailes, el arzobispo y los Aycinenas) y los que unieron la República al Imperio mexicano. Estos le dieron sus sufragios con la esperanza de que cooperase a la variación del sistema.

Ambos bandos tenían motivos de confianza en su candidato. Aquel citaba en su apoyo la conducta que el ciudadano Manuel José Arce había observado en favor de la Independencia. Este tenía por garantías la opinión que el mismo Arce manifestó desde México al Padre Obispo Delgado, con respecto al sistema que convenía a Centro América, y las que conservó siempre contra el federalismo, que no daban a la verdad las mejores seguridades de su buen modo de proceder en el Gobierno.

Puede, sin descrédito, un ciudadano sacrificar sus opiniones particulares al cumplimiento de sus deberes como hombre público: esto es posible. Pero no puede voluntariamente colocarse, sin mancillar su reputación, en la difícil alternativa de faltar a sus juramentos, y causar las desgracias de su patria; y esto hizo Arce.

Él admitió la primera magistratura de un Gobierno contrario a sus opiniones, y prestó el solemne juramento de ejecutar y hacer cumplir una Constitución que, según lo repite tantas veces en su memoria de 1830 impresa en México, sistema la anarquía y autoriza el desorden.

Si esta conducta no puede conciliarse con la que debiera observar el patriota y el alto funcionario, ella sin embargo descubre los verdaderos motivos que le obligaron a apoyar sus repetidas infracciones de la Constitución en un partido que, al deseo de variarla, añadían algunos de sus principales directores, la halagüeña esperanza de encontrar en Arce el héroe que les hiciese olvidar la sensible pérdida del Emperador Iturbide.

No podría, ciertamente, reconocerse en este modo de proceder al hombre agradecido por la alta distinción con que lo honraran los pueblos, llamándolo a regir sus destinos, si el deseo de ser, a los ojos de estos mismos el bienhechor del primer lustro de la libertad, y por lo menos el primer patriota de la época, no vinieran en su auxilio a disculparlo: ¡Funesta presunción, que tantos males ha causado a la República!

Si el ciudadano Manuel José Arce se hubiera negado a admitir la presidencia, se habría excusado del doble compromiso que sus opiniones, con respecto a la Constitución, le habían sin duda hecho prever. No hubieran entonces tenido lugar sus temores de anarquizar la República si cumplía con las leyes que autorizaban, en su concepto, el desorden; ni sus juramentos habrían sido violados con la infracción de aquellas, agravando con este hecho los mismos males que pensaba evitar.

Tan noble conducta hubiera librado a Centro América de mil desgracias, y al Presidente de ella de un tardío y estéril arrepentimiento, que le fue arrancado por un acto de la más negra ingratitud que lo despojara del ejercicio de la magistratura, y vino en socorro del pueblo cuando se hallaba ya dividido y destrozado por la guerra civil y la anarquía.

"Yo acababa (dice el Presidente Arce), de estudiar en Washington y en los principales Estados Angloamericanos, el sistema federal: había penetrado su origen: había pulsado sus enlaces: me enteré de sus ventajas y me hice cargo de sus defectos". Y todo esto, es necesario decirlo, se obró en pocos días y sin el menor conocimiento del idioma inglés.

No podía decir más el sabio e infatigable míster Alejo Tocqueville, a quien debemos su preciosa obra titulada "De la democracia en la América del Norte".

¡Desgraciados centroamericanos! ¡Vuestros males se pueden lamentar; pero consolaos con este estéril sentimiento, porque no es posible, en conciencia, hacer responsable de ellos a su autor! Si todas las opiniones que he referido son bastantes a hacer conocer la suerte que esperaba a Centro América, yo no las presento al público sino como las precursoras de grandes hechos, que hablan al corazón imparcial un idioma tanto más convincente cuanto que está fundado en las mismas leyes, argumentos y raciocinios aducidos por el ex-Presidente Arce en su propia defensa.

Dos partidos se presentaban a éste y a sus amigos en opinión para variar las leyes, objeto único de sus miras, de sus faltas, de su descrédito y de su desgracia. O el que se emplea regularmente en las repúblicas con el fin de obtener el triunfo en las elecciones y, de consiguiente, el influjo que se desea en las cámaras para reformar o variar la Constitución, o el de la fuerza.

Aunque el primero era más sencillo y el único legal, exigía mucho tiempo su ejecución y, además, carecía de trofeos y de gloria. Si podía haber alguna en persuadir, sería a los ojos del Presidente Arce, tan oscurecida por las intrigas que se suelen emplear en semejantes casos, como el color de los vestidos diplomáticos de las personas que debieran ejecutarlo.

No siendo este recurso acomodado al genio del Presidente, y menos a sus intereses, eligió el segundo partido. Dos motivos le obligaron a obrar de esta manera. Seguir las huellas de los héroes conquistadores para poder adquirir esa gloria guerrera, tanto más noble cuanto son grandes los obstáculos que vence y los peligros que corre el jefe militar que la obtiene a la cabeza de sus soldados vencedores, fue, sin duda, el objeto del primero. Afirmar para lo futuro en los hombros de estos mismos soldados la silla del poder en que no se creía bien seguro por la inconstancia de los diplomáticos que lo colocaron en ella, era la mira del otro.

Esta inconstancia que comenzaba ya a experimentar, le fue muy pronto funesta por la vez primera en el cuartel general de Jalpatagua. Allí lograron don Antonio Aycinena y don Manuel Domínguez introducirse, digámoslo así, disfrazados con las insignias militares que arrancaron al mérito del soldado y obtener un triunfo con el auxilio de la táctica diplomática, que tuvo por trofeos en deposición del Comandante Perk y el despojo de todo el influjo que tenía el Presidente Arce en el ejército. [1]

---

[1] Página ochenta y cinco de las Memorias de Arce.

El escandaloso suceso ocasionado porque unos pocos empleados del Gobierno del Estado de Guatemala no concurrieran en un mismo edificio con el Presidente de la República a la función cívica del 15 de septiembre de 1826, que en otras circunstancias sólo hubiera comunicado al pincel algunos personajes en actitudes propias a una caricatura, produjo entonces malísimos resultados.

Todos los elementos de discordia que se habían ya acumulado por los que apetecían un cambio, se agitaron de tal modo, que ocasionaron muy pronto la completa desorganización del Estado de Guatemala que, abandonado y sin defensa, quedó en manos del Presidente de la República, el que, por un abuso escandaloso de su autoridad, también redujo a prisión a su primer Jefe, ciudadano Juan Barrundia, y desarmó las milicias del mismo Estado.

"Este desenlace", se dice en la Memoria de Jalapa escrita contra mí por don Manuel Montúfar, Jefe de Estado Mayor del ex-Presidente Arce, cuya opinión es irrecusable, "hizo ridículo todo lo que antes había parecido un golpe maestro de aquellos que afirman el orden: todos los que se habían comprometido comenzaron a temer y a desconfiar en lo sucesivo. El Presidente publicó pocos días después una exposición documentada de los motivos que impulsaron al arresto de Barrundia: todas eran conjeturas, razones de congruencia y documentos diversos, débiles unos, ridículos otros, y todos capaces de persuadir en lo privado que existía una conspiración; pero no para convencer en juicio".

Semejante suceso, que, por las circunstancias de que fue acompañado, pareció a algunos un ensayo de las armas del poder, y que, en realidad, fue el resultado de una combinación que preparara, como se vio después, igual suerte a todos los jefes de los demás Estados que no supieran defenderse, inspiró en éstos una fundada y justa desconfianza. Aunque se quiso disculpar el hecho, asegurando que aquel funcionario había provocado con su conducta al Jefe de la Nación, y obligado a éste a hacer uso de la facultad que le concede el artículo 175 de la Constitución, que nada previene para un caso tan singular; la conducta observada por el Vicejefe Flores, que el mismo Presidente colocó en el Gobierno por la confianza que le inspiraba, les acreditó que éste sólo buscaba en las autoridades de los Estados, agentes sumisos y prontos a ejecutar sus voluntades.

Pero Flores se portó con una dignidad y firmeza que no se esperaba, resistiéndose a cumplir la orden de desarmar al Capitán Cerda, y negándose a admitir la fuerza federal que le ofrecía el Presidente: la que con pretexto de hacer respetar la autoridad del Estado y conservar el orden en los pueblos debía completar la sumisión de éstos y la humillación de aquel funcionario.

Conducta tanto más honrosa y meritoria cuanto que ella produjo la catástrofe que le aguardaba en la misma iglesia de Quezaltenango, en donde, puesto en manos de un feroz populacho, instigado por las funestas ideas que le inculcaron sus sacerdotes, pereció al pie de las imágenes de los Santos, a la vista de jueces y en presencia de la Eucaristía, que éstos exhibieran para acreditar sin duda, que muchos de los que se llaman religiosos entre nosotros, no creen en el Dios de los verdaderos cristianos.

Y de este modo los empolvados altares del fanatismo, que estaban ya olvidados en el presente siglo, fueron de nuevo levantados por sus dignos ministros, y enrojecidos con la sangre inocente del desgraciado Vicejefe Cirilo Flores.

Para que no se crea que exagero, hablando de la sumisión que el Presidente exigía de los Jefes de los Estados, copiaré lo que dice aquel funcionario en la página 42 de sus Memorias.

"Sin pérdida de instante se puso en el conocimiento del Vicejefe, ciudadano Cirilo Flores, el arresto del Jefe Barrundia, previniéndole que tomase el mando del Estado, en razón de ser él llamado por la ley, a ejercerlo en casos semejantes, franqueándole al propio tiempo la tropa veterana para que la emplease en la conservación del orden y en el servicio de su persona y de la Asamblea. También se le pre- vino que mandara a desarmar al Capitán Mayor Cayetano Cerda, que permanecía en el departamento de Chiquimula, alborotando los pueblos y perturbando la tranquilidad con la tropa con que atacó a Espínola: Flores se encargó de la jefatura: pero se negó a obedecer al Gobierno en todo lo demás, y particularmente en el punto tan esencial de desarmar a Cerda...

En la foja siguiente se expresa en estos términos: "Como en tiempos de revolución todo es delirio, no ha faltado entre nosotros quien se atreva a proferir la blasfemia política, de que los jefes de los Estados no son súbditos del Presidente de la República, y es así que me veo en la necesidad de hablar hasta de esta impertinencia. La Constitución, en el artículo 123 dispone: que el Presidente prevenga a los jefes de los Estados lo conveniente en todo lo que concierna al servicio de la Federación".

Sea cual fuese de sus acepciones la que le dé al verbo prevenir, nunca será la de mandar a ordenar el superior al súbdito que ejerza alguna cosa. El Presidente, en uso de este artículo, pudo prevenir, advertir, informar o avisar a los Gobiernos de los Estados lo conveniente al servicio de la Federación; pero no pudo mandarles en concepto de subordinados".

Si el artículo en cuestión exigiese de los jefes de los Estados la absoluta subordinación al Presidente de la República, que deben los súbditos han superior, no merecía ciertamente el nombre de federal la Constitución de Centro América; y si el Presidente Arce hubiera conocido mejor nuestro sistema y su propio idioma, habría cometido una falta menos en su conducta administrativa, y quitado a la venganza de sus partidarios un motivo más para llevar la guerra en su nombre a todos los Estados de la unión.

Cada uno de los Estados que componen la Federación, es libre e independiente en su Gobierno y administración interior (art. 10) y les corresponde todo el poder que por la Constitución no estuviese conferido a las autoridades federales.

A la vista de este artículo ¿cómo habrá podido sostener el Presidente Arce semejantes pretensiones? Y, ¿cómo sin pasar por la humillación de que una autoridad extraña se ingiriese a título de superior en el régimen interno del Estado, podía el Vicejefe Flores, por las órdenes de aquel, tomar posesión del Gobierno: desarmar al Capitán Cerda; y lo que es aún más degradante, admitir a su servicio fuerzas federales, porque no convenía a los intereses del Jefe de la Nación que usase de las del Estado que había ya éste disuelto, reteniendo en su poder el armamento?

Pero aún hay más. Sobre el poder que da el citado artículo 10 a los Gobiernos de los Estados, aparece otro mayor, que si han pasado en silencio los legisladores, no por esto han podido evitar que exista, y menos que se ejerciera de una manera positiva por los Estados en el momento mismo en que se buscaban pretextos para humillarlos, y se invocaban las leyes para reducir a sus jefes a la humilde condición de subalternos. Hablo de la parte de supremacía que corresponde a los Estados. Supremacía más eficaz que la de la Federación: puesto que se ejerce, como se vio entonces, al arribo inmediato del pueblo, en lugar que la otra sólo tiene por apoyo la ley y el convencimiento de unos pocos ciudadanos a quienes su ilustración los eleva sobre las localidades, y sus honrosos precedentes los llaman a servir los primeros destinos de la Federación.

Si esta es una falta que causa algunas veces males y principalmente en los gobiernos nuevos, ella nace de un vicio inherente al sistema federal que divide en fracciones al pueblo; y por lo mismo exige para evitar sus malas consecuencias el mayor tino y prudencia de parte del primer funcionario.

Si este convencimiento pudo hacer más moderado y circunspecto al Presidente Arce, el conocimiento que adquirió del sistema federal en la República de Norteamérica le debió descubrir la complicación de la teoría y las dificultades en su aplicación. Dificultades que debiera considerar mayores en Centro América, puesto que no podía aguardar que se encontrasen en el pueblo, ni el conocimiento regular de aquel sistema, ni el hábito de gobernarse por sí mismo.

Debió tener presente que, como Jefe de la República, era el primer responsable de la paz. Se había hecho cargo de los defectos del sistema federal. Había estudiado el de la República que gobernaba; conocía a los hombres que estaban a la cabeza de los negocios, y no ignoraba los hábitos y educación del pueblo. Tenía éste, pues, muchos títulos para aguardar de la capacidad y experiencia de su Presidente, lo que no podía esperar de la ilustración y buenos deseos que animaran a sus mejores ciudadanos. Todas las miradas estaban por esto pendientes de la conducta que observaría el Supremo Magistrado.

De él aguardaban todos el bien de la República. Nadie le podía disputar el alto honor de haberlo conseguido; ni menos puede hoy dividir con otro la responsabilidad de los males que ocasionó con una guerra que pudo y debió evitar.

No teniendo ya nada que temer el Presidente Arce en el Estado de Guatemala, en donde, por consecuencia de los hechos que acabo de referir, las autoridades legitimas habían ya desaparecido, mandó hacer nuevas elecciones que, por el influjo de las bayonetas, recayeron en aquellos hombres más notables de su partido. Reorganizado de esto modo el Estado de Guatemala, dirigió el Presidente sus miradas a los de Nicaragua y Honduras.

En el primero, por una anomalía propia de la revolución, se encontraban a un mismo tiempo gobernando el Jefe Cerda y el Vicejefe Argüello, y eran ambos obedecidos por sus respectivos partidos.

Como el de Argüello pertenecía a los liberales y las opiniones de este funcionario eran contrarias a las del Presidente de la República, la política demandaba la protección decidida que éste le prestó a Cerda, remitiéndole una cantidad considerable de fusiles, que condujo el ciudadano Policarpo Bonilla.

Este auxilio llamó la atención a Argüello y no pudo proteger a Honduras, en donde buscaba motivos el Presidente para desorganizarlo.

A este fin mantenía correspondencia con los más desacreditados enemigos del Jefe de aquel Estado, ciudadano Dionisio Herrera, y daba otros pasos que, si eran menos deshonrosos, no parecían propios del que aparentaba un profundo respeto a las leyes, sino del que buscaba el triunfo sin escrupulizar los medios de conseguirlo.

El Teniente Coronel de la Federación, Ignacio Córdova, que por licencia del Supremo Poder Ejecutivo servía la Comandancia local de la ciudad de Tegucigalpa, con nombramiento del mismo Jefe Herrera, cuando fue separado por éste, se negó abiertamente a obedecer, alegando que había obtenido igual nombramiento del Jefe de la Nación. La ciudad de Tegucigalpa se halla situada en la cordillera a más de dos mil metros de altura sobre el nivel del mar, y distante de éste cuarenta leguas por la parte más inmediata. No es, pues, ni una frontera ni un puerto para que el Presidente se creyese facultado para nombrar allí un Comandante, a no ser que haya pensado hacer después navegable el río de aquella ciudad en las doscientas leguas que corre antes de desaguar en el Pacífico. Este escandaloso avance de la autoridad, ejecutado con la mira de sostener el partido que hacía la revolución a Herrera en Honduras, produjo la acusación que éste dirigió al Congreso contra el Presidente Arce, acompañando todos los documentos que esclarecían el hecho.

Despechados los enemigos del Jefe Herrera con el mal resultado que tuvieran los medios que habían empleado hasta entonces para trastornar el orden, se decidieron a quitarle la vida. A medianoche los asesinos dirigieron sus tiros por dos balcones de la casa que habitaba, a otras tantas camas colocadas al frente.

Los malvados ignoraban cuál de ellas pertenecía al Jefe Herrera; pero sabían muy bien que una era ocupada por su esposa. Sin embargo, antes quisieron triplicar las víctimas, agravando su crimen con la muerte de la madre inocente y del hijo tierno que aquella tenía en sus brazos en el fatal momento, que permitir se les escapase la que era objeto de la venganza de aquellos que habían estimulado su sórdido y mezquino interés. Pero por una feliz casualidad las balas se introdujeron en el colchón de la cama en que se hallaba la señora de Herrera, y otras rompieron una columna del catre en que dormía éste, sin haberles cansado daño alguno.

Los asesinos presentaron en su precipitada fuga las señales positivas de ese crimen. En aquella misma noche, sin ser perseguidos, desaparecieron de la ciudad de Comayagua el Escribano Ciriaco Velásquez y Rosa Medina, quien después acreditó, en la destrucción de las mejores casas de Comayagua, mandada a ejecutar por el Coronel Milla cuando sitiaba aquella ciudad, que era tan buen incendiario como torpe asesino.

A los pocos días de haberse intentado este crimen, se introdujo en el Estado de Honduras el batallón federal número 2, al mando del Coronel Milla, con el pretexto de custodiar los tabacos que existían almacenados en la Villa de los Llanos, perteneciente al mismo Estado y distante setenta leguas de la Capital de Comayagua, que era entonces la residencia del Jefe Herrera.

Este, que tenía mil motivos para temer un atentado del Presidente de la República, y que no veía el riesgo que corrían los tabacos existentes en el departamento de Gracias, se persuadió que él era el único objeto de aquella fuerza. Tomó, en consecuencia, algunas precauciones y reunió varias compañías de milicias.

Para observar la fuerza federal destinada a cuidar los tabacos, que por diversos avisos se sabía haber órdenes del Presidente de la República para marchar sobre Comayagua, se mandaron cuarenta hombres a las órdenes del Oficial Casimiro Alvarado, que llegó hasta el pueblo de Intibucá, distante treinta leguas de la Villa de los Llanos.

Allí supo Alvarado que el Coronel Milla se había puesto en marcha con toda la fuerza.

Para conocer la dirección que traía, hizo marchar al Oficial, ciudadano Francisco Ferrera con diez hombres. En el pueblo de Yamaranguila, distante dos leguas de Intibucá, se encontró Ferrera con la División federal y, para memoria de un hecho heroico, se batió con sólo sus diez soldados, logrando detener por algún tiempo la marcha de toda la División de Milla. Obligado luego a retirarse, como era regular, dio parte a Alvarado de lo que había ocurrido, el que al instante contramarchó con sus cuarenta hombres, y fue a ponerlo todo en conocimiento del Gobierno, en cumplimiento de su comisión.

Para justificar la marcha del Coronel Milla sobre Comayagua, dice el Presidente Arce en sus Memorias, que fue ocasionada por el acto hostil que recibió este Jefe en Yamaranguila de parte de las milicias del Estado. Pero si se observa que Herrera tenía seiscientos hombres y que podía disponer de todos para dirigirlos sobre Milla, porque no había otro enemigo en el Estado que le llamase la atención: que los cuarenta hombres que mandó en observación a Intibucá, eran pocos para atacar las fuerzas de aquel Jefe, pero bastantes para llenar el objeto a que se les había destinado: que los tabacos, única mira que había traído a Milla con su batallón a Honduras, se hallaban en los Llanos, distante sesenta leguas de Comayagua, veintiocho del pueblo de Yamaranguila donde le encontró la descubierta de diez hombres del Oficial Ferrera; y treinta del pueblo de Intibucá, en donde se hallaba igual número de soldados en observación, a que pertenecían los de Ferrera; se vendrá en conocimiento de que no hubo ninguna clase de provocación de parte del Gobierno del Estado que, en uso de las facultades que le daban las leyes, bien pudo dirigir las milicias a cualquiera de los pueblos del mismo Estado.

Si todos estos hechos comprueban que el Presidente Arce fue el primer agresor en la guerra de Honduras, sin ninguna provocación por parte de sus autoridades, la nota reservada que dirigió al Coronel Milla, fechada el 7 de marzo en el cuartel general de Apopa, y firmada por su Jefe de Estado Mayor, el Coronel ciudadano Manuel Montúfar, en que le previene sustancialmente: que ponga término a los males que causa el Jefe Herrera en Honduras, haciendo uso de las armas, y que proteja a los que este persiga, pone en un punto de vista más claro aquel hecho: descubre los únicos culpables de la guerra, y justifica la resistencia que los hondureños hicimos con las armas.

El hecho que acabo de referir tiene dos testigos de toda excepción. El ciudadano general Francisco Ferrera, actualmente Jefe del Estado de Honduras, que fue el Oficial que atacó a Milla en Yamaranguila, y el Teniente Coronel Casimiro Alvarado, que mandaba la fuerza de observación.

Ambos existen hoy en Honduras y a la cualidad de contarse ellos en el número de mis enemigos, reúnen las demás circunstancias que deben tener los testigos que he ofrecido.

Después de publicado este documento creo que el ciudadano Coronel Manuel Montúfar no podrá desmentir (como lo hizo en sus Memorias de Jalapa) el hecho a que se refiere; ni el ciudadano Manuel José Arce se resistirá a confesar (como se ve en sus Memorias de México) la responsabilidad que tiene por los males que ocasionara a Honduras.

Tampoco se atreverá a negarlo el Coronel Milla, que no querrá pasar por un militar desobediente, y lo que es peor, por un hijo ingrato que llevó injustamente la guerra a su patria para castigar agravios que no había recibido de sus conciudadanos, y en recompensa de los votos que estos le dieran para Vicejefe de aquel Estado. Milla sin encontrar en el camino ninguna resistencia llegó a la ciudad de Comayagua el 4 de abril, y estableció su cuartel general en la Iglesia de San Sebastián.

Unas trincheras mal construidas, y un Jefe militar traidor, eran dos obstáculos de fácil acceso para los sitiadores, si la vigilancia de los soldados patriotas no hubiera hecho impotentes por largo tiempo las maquinaciones de la intriga, así como los diversos ataques que se dieran a la plaza. Estos no tuvieron otro resultado que el saqueo de toda la ciudad que se hallaba fuera de trincheras, y el inútil incendio de sus mejores edificios con que se vengara la cobardía, ofendida de la tenaz resistencia que le opusiera el valor de un puñado de soldados hondureños y leoneses.

En tanto que tenían lugar estos sucesos, la fuerza enemiga se aumentaba en razón que se disminuía la de la plaza. Los víveres faltaban ya en ésta; y muchas veces era mayor la sangre que se derramaba, que el agua que se tomaba en el río defendido por los contrarios.

La esperanza de un pronto auxilio hacía, sin embargo, sufrir estos males con resignación; pero esta desapareció muy luego. Cuando se supo en la plaza que la tropa auxiliar se había disuelto en la Hacienda de la Maradiaga, después de haber rechazado la División que la atacara al mando del Teniente Coronel Hernández, el desaliento se apoderó del ánimo de los cobardes.

La perfidia del Comandante tuvo en ellos un apoyo, y la plaza se rindió el 9 de mayo de 1828 por una capitulación en que todo lo sacrificaba el traidor, por la conservación de su empleo, al jefe que no había podido lograr ninguna ventaja sobre los sitiados. Y para que nada faltase a este documento vergonzoso, la firmeza con que había el jefe Herrera rechazado las proposiciones de rendirse que se le hicieran, fue castigada dejándolo a merced del vencedor como prisionero de guerra.

El Presidente de la República que pocos meses antes, queriendo acreditar su respeto a la ley, puso al Jefe del Estado de Guatemala, en el término de tres días a disposición de la Asamblea que debiera juzgarlo, hizo conducir a Herrera preso a la capital de la República, ciento sesenta leguas distante de la ciudad de Comayagua, a donde debiera reunirse la Legislatura para conocer de su caso, si aquel Magistrado hubiera tenido esta vez el deseo de ser un religioso observando de la Constitución. Pero se olvidó entonces de ella por no convenir a sus dobles miras de humillar al Jefe Herrera, dándole por prisión en mucho tiempo la misma casa que él habitaba, y de acreditar à sus contrarios el desprecio que hacía de las leyes.

Cuando un funcionario público trata de encubrir con las formas judiciales la satisfacción de sus personales agravios, aún existe la esperanza de que vuelva al sendero de la ley: pero cuando el descaro se asocia a la venganza, la esperanza desaparece, porque entonces el espíritu de Sila obra en la voluntad del gobernante.

Aun cuando el Presidente Arce no hubiera expresado sus opiniones contra estas mismas leyes antes de posesionarse del Ejecutivo Federal, ni se apoyara después en el partido que apetecía un cambio de Gobierno, eran muy repetidas las infracciones para que no fuesen voluntarias, y vitales los golpes que dirigiera al sistema, para que no envolviesen la dañada intención de destruirlo.

Él supo anular la resistencia que le opusiera el Senado, influyendo para que dos senadores amigos suyos se negasen a concurrir a las sesiones para que se disolviese el cuerpo por falta de número.

Él logró que varios Diputados, también amigos suyos, no concurriesen a las sesiones extraordinarias del Congreso, en donde debía exigírsele la responsabilidad con arreglo a la ley, por no haber acreditado en las sesiones ordinarias la justa inversión de los caudales públicos entre otros motivos no menos poderosos.

Él, en tanto que anulaba de este modo la representación nacional, se erigía en Juez de los que tenían derecho para juzgarlo, usaba de facultades que ni esta misma representación nacional había obtenido del pueblo, y convocaba, a su manera, la reunión de un Congreso extraordinario.

Él, arrogándose las atribuciones del Congreso, interpretaba la ley según sus miras, y reducía a prisión al Jefe de Guatemala en concepto de ser súbdito sayo. En este propio concepto ordenaba al Vicejefe que sucediese a aquel en el Gobierno, que desarmara las milicias del mismo Estado, y que tomase a su servicio las fuerzas federales.

El nombraba comandantes locales en el centro de los Estados, como lo hizo en la ciudad de Tegucigalpa. El daba órdenes al coronel Milla para que hiciese la guerra al Jefe del Estado de Honduras.

Él, en fin, jugaba de este modo con las leyes y se burlaba del pueblo que le confiara su ejecución.

Al recordar la conducta que observó el Presidente Arce en el Gobierno, no ha cabido en mí el mezquino deseo de herir su amor propio, ni la innoble mira que dirigiera su pluma al escribir las Memorias que publicó en México.

La mía tiene un objeto más honroso y justo. Acreditar con todos estos hechos "que fue legal la resistencia que opusieron los Gobiernos de los Estados al Presidente de la República, y necesaria la guerra que llevaron los pueblos a la capital de la misma República"; esto es lo único que me he propuesto probar, y creo haberlo conseguido.

Ahora trataré únicamente de mis hechos como funcionario público. Pero como no pretendo escribir mi apología, sólo citaré en mi defensa, como lo he ofrecido al principio, aquellos de que se haya hablado con injusticia, o que convengan a mi propia justificación.

Como uno de los jefes de la fuerza que se disolvió en la Maradiaga, marché en busca del auxilio que mandaba el Vicejefe del Estado del Salvador. Pero este auxilio que llegó a Tegucigalpa después de haberse rendido la plaza de Comayagua, era tan pequeño que tuvo que retirarse hacia el Estado de Nicaragua. Los Coroneles Díaz, Márquez, Gutiérrez y yo, buscamos en él nuestra seguridad, y acompañamos al jefe que lo mandaba.

Un incidente desagradable, que podía comprometer nuestro honor, nos obligó a separarnos de él en la Villa de Choluteca, y a pedir garantías al Coronel Milla para permanecer en Honduras. Nuestros deseos fueron satisfechos por este jefe, mandándonos el pasaporte con el mismo correo que condujo la solicitud.

Al instante marché con dirección al pueblo de Ojojona para disfrutar en unión de mi familia de la gracia que se me concediera. Por un presentimiento, que jamás cupo en la confianza que me inspiraba la palabra de Milla, dichos jefes no corrieron la suerte que se nos aguardaba en aquel pueblo, y yo, víctima de mi credulidad, conocí aunque tarde, lo poco que debe confiarse en los que defienden una mala causa.

Diez horas después de haber llegado al pueblo que había señalado mi residencia, fui reducido a prisión por el Teniente Salvador Landaverri de orden del Mayor Anguiano, Comandante local de Tegucigalpa, y conducido a aquella ciudad. A pesar de haber presentado a este jefe mi pasaporte, me hizo poner en la cárcel pública.

La seguridad de que en semejante atentado no tuviera parte el Coronel Milla, me hizo dirigirle una exposición en que le expresaba con bastante energía los males que me ocasionaban sus ofrecimientos. La contestación de este jefe me dio a conocer el lazo que había tendido a mi confianza, y sólo procuré entonces los medios de evadirme de la cárcel.

Después de haber sufrido veintitrés días una estrecha y penosa prisión, pude burlar la vigilancia de mis carceleros, y retirarme a la ciudad de San Miguel. De allí pasé a la de León en busca de auxilios para volver sobre Honduras.

En mi tránsito por el puerto de la Unión, hablé por la primera vez con el ciudadano Mariano Vidaurre, que como Comisionado del

Gobierno del Estado del Salvador, pasaba al de Nicaragua con el objeto de procurar un avenimiento entre el Jefe y Vicejefe de aquel Estado, que mutuamente se hacían la guerra. Vidaurre se interesó mucho para que se me auxiliase por este último.

Entre tanto, el Coronel Ordóñez, que llegó preso a León, pudo formar una revolución contra el Vicejefe Argüello, que tuvo por resultado la deposición de este funcionario, y el auxilio que se me dio de los militares que le eran más adictos.

Ciento treinta y cinco, entre jefes y oficiales, componían mi pequeña fuerza. Su fidelidad al Gobierno a que habían pertenecido me inspiraba la mayor seguridad, y la fundada esperanza de reunir los descontentos hondureños, que produjeron las persecuciones de Milla y sus agentes, ponían de nuestra parte todas las probabilidades del triunfo.

En la Villa de Choluteca, con el auxilio que mandó el Gobierno del Salvador, pude organizar una considerable División, y en el campo de la Trinidad, acreditar a los hondureños que era llegada la hora de romper sus cadenas. Milla fue allí completamente batido, dejando en nuestro poder los elementos de guerra, que había acumulado, y la correspondencia oficial de que ya he hecho mérito. La vanguardia sola consiguió este triunfo, en el que se distinguieron los Coroneles Pacheco, Valladares y Díaz. A los de igual clase, Márquez, que había quedado malo en Pespire, Gutiérrez, que en unión de Usejo y el Capitán Ferrera conducía la retaguardia, no les fue posible encontrarse en la acción.

Libres ya los pueblos de Honduras de sus enemigos, me dediqué a la reorganización del Estado. El Consejo se reunió en la ciudad de Comayagua, y me encargó del Ejecutivo con arreglo a la ley, en concepto de Consejero, por la falta de Jefe y Vicejefe del Estado.

Luego que el Presidente de la República tuvo conocimiento de estos sucesos, hizo marchar al Coronel Domínguez sobre Honduras. Yo tuve entonces que separarme del Gobierno para tomar el mando de la fuerza, y establecí mi cuartel general en el pueblo de Texiguat. Domínguez hizo una ligera incursión por los pueblos de la costa, y regresó a San Miguel, sin haberse atrevido a atacarme.

Por este tiempo, el General Merino, después de haber estado al servicio del Gobierno del Salvador, se embarcó en Acajutla para retirarse a Guayaquil, de donde era natural. Habiendo tocado el buque que lo conducía en el puerto de La Unión, fue capturado a bordo por el Coronel Domínguez, que ocupaba el departamento de San Miguel con fuerzas federales, sin respetar la bandera chilena, ni atender à los reclamos que le hiciera el Capitán.

A Merino no debía tratársele como prisionero de guerra, porque no se le tomaba con las armas en la mano: no era ya un soldado, porque se había separado del teatro de la guerra: no podía considerársele como enemigo, porque no tenía la intención de ofender, puesto que se retiraba a su patria; ni siquiera pisaba ya el territorio de la República, y se hallaba bajo la protección de una nación amiga. No había, pues, ni un pretexto para reducirlo a prisión, y menos para fusilarlo pocos días después en la ciudad de San Miguel, faltando al derecho sagrado de la guerra, y a los principios establecidos aun en los pueblos menos civilizados.

Este asesinato sin ninguna mira política: esta víctima sacrificada a la venganza ajena, cerró todos los medios de conciliación entre Dominguez y yo, rompiendo la correspondencia que habíamos establecido con este objeto: presagió la suerte que correríamos los que fuésemos prisioneros de semejantes enemigos; y acabó de uniformar la opinión pública.

En pocos días conseguimos organizar una fuerza compuesta de hondureños y nicaragüenses, que aunque muy inferior en número a la de Domínguez, se componía en su mayor parte de soldados voluntarios y decididos a morir en defensa de su patria; pero carecía de recursos pecuniarios.

El que conozca que las rentas del Estado de Honduras nunca han bastado a cubrir su lista civil; y que haya sido, entonces, testigo de las grandes sumas que exigiera Milla a los pueblos, para sostener tanto tiempo su División, solo persuadirá fácilmente de las escaseces que sufría la que estaba a mis órdenes. Marchaba sin ninguna caja militar, y el prest que se daba a la tropa, era necesario exigirlo en los pueblos del tránsito.

Las dificultades que naturalmente se presentaban para esto, producían mil privaciones en el soldado, que se agravaban con lo malo del clima y el rigor del otoño, abundante en lluvias aquel año. Su número se disminuía, de consiguiente, en términos que, apenas llegaron a las inmediaciones de San Miguel las dos terceras partes de los soldados reunidos en Choluteca. En tanto que el Coronel Domínguez abundaba en recursos y tenía a sus órdenes una numerosa tropa veterana que había triunfado varias veces de sus enemigos.

La esperanza del auxilio que me había ofrecido el Gobierno del Estado de El Salvador, para engrosar mi pequeña División, me obligó a colocarla en el pueblo de Lolotique, fuerte por su localidad, y por su posición aparente para proteger la llegada de los salvadoreños. El Coronel Domínguez con todas sus fuerzas vino a situarse a distancia de una legua, en el pueblo de Chinameca.

Hizo varias tentativas para forzar las guardias avanzadas colocadas en los desfiladeros que conducían a la altura que yo había ocupado; y aunque siempre fue rechazado con pérdidas, logró sin embargo, ver desplegarse la fuerza, y se enteró de su número. La confianza que le inspiró este conocimiento la acreditaron sus hechos posteriores. Domínguez pudo muy bien contar nuestros soldados; pero pronto conoció, por una costosa experiencia, que no es dado calcular, a un jefe mercenario, el valor de hombres que defienden su patria y sus hogares.

Once días se pasaron sin ocurrir nada notable entre las dos fuerzas. Al duodécimo recibí una comunicación del Teniente-Coronel Ramírez, jefe de la tropa auxiliar tanto tiempo esperada. Me aseguraba que al siguiente día pasaría con alguna dificultad el Lempa, por falta de barcas.

La facilidad con que el enemigo podía descubrir la aproximación de aquel jefe, y destruir su pequeña fuerza, me decidió a protegerlo. A las 12 de la noche emprendí mi marcha con este objeto; pero la lluvia no me permitió doblar la jornada y me vi obligado a aguardar en la hacienda de Gualcho, que mejorase el tiempo. Entre tanto, Domínguez que había sabido mi movimiento y marchaba por mi izquierda, detenido también por la lluvia, fue igualmente obligado a situarse a una legua distante de aquella hacienda, sin que se hubiera podido descubrir su movimiento hasta entonces.

A las tres de la mañana que el agua cesó, hice colocar dos compañías de cazadores en la altura que domina la hacienda, hacia la izquierda, en razón de ser el único lugar por donde podía presentarse el enemigo. A las 5 supe la posición que este ocupaba, y pocos minutos después, el jefe de una partida de observación aseguró que se hallaba a tiro de cañón de las dos compañías de cazadores.

No podía ya retroceder en estas circunstancias, porque una retirada con tropas que no son veteranas, tiene peores consecuencias que una derrota, sin la gloria de haber peleado con honor. No era ya posible continuar mi marcha, sin grave peligro, por una inmensa llanura, y a presencia misma de los contrarios. Menos podía defenderme en la hacienda, colocada bajo una altura de más de 200 pies, que en forma de semicírculo, domina a tiro de pistola el principal edificio, cortado, por el extremo opuesto, con un río inaccesible, que le sirve de foso. Fue, pues, necesario aceptar la batalla con todas las ventajas que había alcanzado el enemigo, colocado ya en actitud de batirse a tiro de fusil de nuestros cazadores.

Conociendo el tiempo que había de gastar la División en salvar la altura, que se hallaba entre el campo y la hacienda, hice avanzar a los cazadores sobre el enemigo, para detener su movimiento, el que conociendo lo crítico de mi posición, marchaba contra estos a paso de ataque.

Entre tanto subía la fuerza por una senda pendiente y estrecha, se rompió el fuego, a medio tiro de fusil, que luego se hizo general. Pero ciento setenta y cinco soldados bisoños hicieron impotentes por un cuarto de hora los repetidos ataques de todo el grueso del enemigo. Este, obligado por instinto, a tributar el respeto que se debe al valor, no se atrevió a hollar la línea de cadáveres a que quedó reducido el pequeño campo que ocupaban los cazadores, para detener la marcha de la División que volaba en su auxilio.

El entusiasmo que produjo entre todos los soldados el heroísmo de estos valientes hondureños, excedió al número de los contrarios. Cuando la acción se hizo general por ambas partes, fue obligada a retroceder nuestra ala derecha, y ocupada la artillería ligera que la apoyaba; pero la reserva, obrando entonces por aquel lado, restableció nuestra línea, recobró la artillería y decidió la acción, arrollando parte del centro, y todo el flanco izquierdo que arrastraron en su fuga al resto del enemigo, dispersándose después en la llanura.

Entre los muchos prisioneros que se hicieron, se encontraron algunos vecinos del departamento de San Miguel, que vinieron en gran número a ser testigos de nuestra derrota. Tal era la seguridad que tenían en la táctica, en la disciplina y en el número de nuestros contrarios. Los salvadoreños auxiliares, que abreviaron su marcha, al ruido de la acción, con el deseo de tomar parte en ella, llegaron a tiempo de perseguir a los dispersos.

Cediendo a un sentimiento de justicia, he descendido a pormenores, que no a todos podrán ser agradables; pero ofrezco omitir en adelante, los que pertenecen a los sucesos ocurridos hasta la conclusión de la guerra. Mi deseo ha sido el de honrar la memoria de los patriotas hondureños y nicaragüenses que pelearon aquel día, cuyo valor se ha querido poner en duda, porque no han sido tan afortunados otras veces.

Es el de fijar los hechos que tuvieron lugar en aquella jornada, desfigurados después por la malicia o la ignorancia. Es el de dar a conocer la importancia que merece este hecho de armas. Si él fue en sí, bien pequeño, produjo, sin embargo, los mejores resultados, porque economizó la sangre que inútilmente se derramara por tanto tiempo en las trincheras de El Salvador, facilitando la rendición de Mejicanos, y abrevió el desenlace de la revolución de 1828. Revolución que tan abundante, como después, fue en acciones de guerra ganadas por nuestros soldados, todas ellas se deben considerar como una consecuencia de este triunfo.

De Gualcho me dirigí a la ciudad de San Miguel, en busca de recursos, para pagar sus haberes atrasados a los soldados, vestirlos y darles la gratificación, de un mes de sueldo, que se les había ofrecido.

En el camino se me presentó una comisión de los principales vecinos de aquella ciudad, para suplicarme fuese a proteger las propiedades, que a pretexto de pertenecer a los enemigos del Gobierno, eran amenazadas por un puñado de malvados. Pude llegar a tiempo de evitar el saqueo de muchas casas, aunque ya éstos habían tomado de la de Barriere algunos objetos de comercio.

En uso de la facultad que me había concedido el Gobierno del Estado de El Salvador, mandé exigir un empréstito forzoso de dieciséis mil pesos. Este se distribuyó en un pequeño número de propietarios que más servicios habían prestado al enemigo.

La noticia que se difundió en la ciudad de que el General Arzú había salido para atacarme, del cuartel general de Mejicanos, produjo una fuerte resistencia en algunos prestamistas, que se negaron a pagar bajo diversos pretextos su contingente.

Cuando se confirmó la noticia que el enemigo se aproximaba al Lempa, expedí una orden para que el que no quisiese prestar sus servicios como propietario, se le obligara a hacerlos como soldado, presentándose en el cuartel de cazadores. Todos pagaron a esta intimación; sólo el ciudadano Juan Pérez, primer propietario del departamento, quiso tomar las armas. Pero pocas horas después de hallarse sufriendo en el cuartel todos los castigos y privaciones de un soldado recluta, entregó los cinco mil pesos que le fueron asignados, y volvió a su casa.

La cantidad recaudada fue distribuida a los soldados en medio de la plaza, a presencia de los jueces municipales, de los ciudadanos Gregorio Ávila, que contribuyó con el género suficiente para dos mil vestuarios, Pedro Gotay y otros muchos de los principales de aquella ciudad, que aún existen hoy en ella, para comprobar esta verdad.

Como este fue el último empréstito, y el único de alguna consideración que yo asigné hasta la conclusión de la guerra, y como algunos han exagerado a un valor y tratado de tiránicas las medidas que se tomaron para realizarlo, no me ha sido posible pasar en silencio estos pormenores.

Si hubo alguna severidad contra Pérez, fue provocada por su misma resistencia: lo exigía, además, el orden público, amenazado por los soldados leoneses, cansados ya de sufrir escaseces y de esperar el día que éstas cesasen, tantas veces prometido; y lo demandaba imperiosamente la necesidad de marchar a disputar el paso del lempa al enemigo.

El único atentado que yo supiese y pudiese remediar, fue cometido por el Capitán Cervantes, que arrancara del cuello a una señora prestamista su cadena de oro, y por el cual fue sentenciado a la pena de muerte y fusilado en la plaza del Salvador.

Los soldados leoneses, que no pertenecían a ningún Gobierno, y que voluntariamente se habían puesto a mis órdenes, expresaron de diversos modos sus deseos de regresar a Nicaragua. Al Coronel Valladares, que se propuso evitarlo, lo amenazaron haciendo uso de sus armas, y yo sólo pude lograr que sesenta soldados continuasen en el servicio.

Entre tanto, el General Arzú llegó al Lempa con una fuerte División. Al momento marché a evitarle el paso de esto río, y lo habría conseguido, si el Teniente Coronel José del Rosario López Plata no hubiera descuidado el punto por donde logró aquel desembarcar.

Disminuida mi fuerza por la defección de los leoneses, tuve retirarme a Honduras para organizarla. El enemigo, que marchaba a mi retaguardia, llegó hasta la ciudad de Nacaome, y no atreviéndose a perseguirme por el camino de la sierra, que había ya fortificado, regresó a San Miguel. En pocos días pude aumentar la División en la ciudad de Tegucigalpa, y volví con ella sobre la misma ciudad de San Miguel.

El General Arzú ocupaba entonces dicha ciudad, que por una marcha forzada amenacé atacar. Como aquel no quería comprometer una acción, se retiró por la villa de Usulután, para atravesar después el llano de la Pava, y tomar el camino del departamento de Gracias, con el objeto de pasar a Guatemala.

Yo, que calculaba esta retirada, me coloqué por un movimiento de flanco en aquel llano, al tiempo mismo que la vanguardia enemiga tomaba posición en la margen izquierda de un arroyo profundo. Era su mira disputarnos este paso, para poder evitar la ocupación de la hacienda de San Antonio, en la que comienza a elevarse la sierra por donde había pensado retirarse. Pero fue arrollada y arrojada hacia el llano, en donde estaba formada su retaguardia, dejando en nuestro poder un cañón. La hacienda fue en seguida ocupada por nosotros, y los contrarios pasaron la noche deliberando.

Al amanecer se me aseguró que deseaban capitular. Al efecto, hablé con el Teniente Coronel C. Antonio Aycinena, que había sucedido en el mando al General Arzú. Me ofreció aquel jefe entregar las armas, y quedar prisionero con sus principales soldados; pero no a disposición del Gobierno del Estado de El Salvador. La capitulación que redacté fue firmada inmediatamente, y con sorpresa vieron los enemigos, que cuando ellos habían convenido ya en ser mis prisioneros de guerra, se les dejaba en libertad para volver a Guatemala, suministrándoles, además, el dinero necesario para el préstamo del soldado, y concediéndoles, por una gracia, todo lo que solicitaron.

Aunque nunca me arrepentí de haber observado esta conducta, pocos días después tuve el disgusto de saber que el enemigo saqueaba los pueblos del tránsito, y había cometido un asesinato, en pago de la generosidad con que se le trató, violando así la capitulación que se acababa de firmar, en la que se había consignado un artículo a la seguridad de estos mismos pueblos.

Un jefe militar del Estado del Salvador, que con dos compañías ocupaba Ocotepeque, por donde aquellos debieran pasar, recibió de los pueblos iguales quejas, y redujo a algunos oficiales a prisión, por orden de su Gobierno, a quien yo había dado conocimiento de aquellos hechos.

Aunque siempre he creído que el jefe Aycinena no los mandó ejecutar, él es, sin embargo, único responsable de ellos, por haber abandonado a la tropa a su propia suerte, forzando sus marchas para llegar pronto a Guatemala con todos sus jefes y oficiales allegados.

La fortuna, que jamás protege a los que huyen de los peligros de guerra para poder disfrutar de las ventajas del triunfo, castigó a los que sitiaban la plaza del Salvador, haciéndoles, por nueva capitulación, prisioneros de los sitiados, y premiando de este modo, el valor con que estos defendieran por tanto tiempo su patria y sus hogares.

Este desenlace se debió a la constancia con que el pueblo salvadoreño, sin armas y sin jefes, sostuvo el sitio por largo tiempo: al patriotismo y generosidad de las mujeres del pueblo, que alentaban al soldado con su valor y lo alimentaban con el trabajo de sus manos: la firmeza con que el Gobierno se negó siempre a admitir las proposiciones desventajosas, que le hiciera el enemigo para rendirse; y al General Juan Prem, que disciplinó algunas compañías, y colocándose con ellas a la retaguardia del enemigo, le interceptaba los convoyes y aprisionaba las reclutas que venían de Guatemala, batía las fuerzas, que sallan del cuartel general de los sitiadores en busca de víveres, y alentando con todos estos hechos al pueblo, hizo a los soldados concebir esperanzas de un próximo triunfo y creer al Coronel Montúfar, jefe del ejército sitiador, que se hallaba sitiado, cuando dijo en uno de sus escritos que no puede sostenerse por mucho tiempo plaza que no es socorrida, y menos cuando la atacan enemigos muchos y porfiados.

De la hacienda de San Antonio me dirigí a la ciudad de El Salvador. Pasé en seguida a la villa de Ahuachapán, para organizar allí el ejército que debía marchar sobre el Estado de Guatemala.

Pocos días después de haber llegado a aquella villa, recibió el jefe político del departamento, C. Juan Manuel Rodríguez, orden del Ministerio, para hacer salir del Estado al Presidente Arce, que despojado ya del Gobierno, existía en la ciudad de Santa Ana, porque su permanencia en ella era perjudicial al orden público.

Una persona afecta al Presidente Arce me suplicó evitase a este jefe el disgusto de ser conducido hasta el río de Paz por una partida de soldados, que tenía ya preparada el jefe político.

No quise perder la ocasión de acreditar a Arce, que había olvidado ya la memoria que hizo de mí, en la lista que dirigió al Coronel Milla, para que en unión de otros, me remitiese preso a Guatemala, a pesar del salvoconducto que me dio este jefe. Con aquel objeto mandé al Coronel Gutiérrez, que comunicase al Presidente la orden del Gobierno, y le expresé mis deseos de evitarle el compromiso en que podía colocarlo su permanencia por más tiempo en Santa Ana.

Pero este hecho lo tuvo Arce por un agravio, según se expresa en sus memorias, aunque yo lo consideraba como un servicio, puesto que le suplicaba lo que podía mandarle con el mismo derecho que él quiso se me conduje preso a Guatemala. Con el mismo derecho, digo, porque él usó de la fuerza para obrar contra mí, no estando autorizado por la ley, y yo podía haber usado también de esta fuerza en justa represalia, cuando me tocaba mi vez.

Luego que el ejército recibió alguna disciplina, marché sobre la ciudad de Guatemala, y di orden al general Prem, que obraba ya en el departamento de Chiquimula con una División, que ocupare la hacienda de Aceituno, distante una legua de aquella ciudad, el mismo día que yo debía situarme a dos leguas de ella, en el pueblo de Pinula. Mi orden fue cumplida por el Coronel Henrique Terrelong, que había sucedido en el mando a aquel Jefe, que permanecía enfermo en Chiquimula.

En la hacienda de Corral de Piedra se nos unió un escuadrón de patriotas antigüeños, al mando del General Isidoro Saget, que fue de mucha utilidad en la campaña.

En Pinula supe que la fuerza del Estado se había concentrado toda en la ciudad.

Para evitar la introducción de víveres y agua en la plaza, mandé situar una División en el Pueblo de Mixco, al mando del Coronel Cerda, con orden de fortificarse inmediatamente. Pero este Jefe, a quien sólo conocía por la buena recomendación que de él se me había hecho, se confió en un valor de que carecía. Ni quiso fortificarse, ni tuvo la presencia de ánimo y arrojo que se necesita para defender un puesto que es sorprendido por el enemigo.

Cerda acreditó, con esta derrota, su ineptitud y cobardía, y el enemigo su crueldad con el asesinato de los vencidos. En lugar de marchar inmediatamente sobre el cuartel general de Pinula, aprovechándose de mi permanencia en la Antigua Guatemala, a donde había ido con el fin de organizar un Gobierno provisional, volvió a entrarse a sus trincheras, y yo regresé a Pinula.

Al día siguiente concentré todas las fuerzas en este pueblo, y marché con ellas a la Antigua Guatemala para reponer las bajas al nuevo Gobierno. El General Nicolás Rauol, antiguo veterano del ejército de Napoleón, que hoy ocupa un lugar distinguido en el ejército francés, entró al servicio en concepto de Jefe de Estado Mayor.

A la experiencia y conocimientos militares de este jefe (el más instruido que ha venido a Centro América) de los que siempre he hecho uso en lo que ha estado a mi alcance, debo en gran parte no haber sido nunca sorprendido, ni sufrido jamás una derrota, en trece años de guerra casi continua, provocada por los desafectos a la República.

El enemigo, envalentonado con el triunfo de Mixco, salió por segunda vez de sus trincheras para atacarme en aquella ciudad.

Yo marché inmediatamente a ese encuentro; pero las noticias de los espías me persuadieron de que no lo encontraría en el camino que yo llevaba. Me regresé, por esto, a la ciudad, dejando a las órdenes del Coronel Terrelong un batallón y un escuadrón para que explorase el campo.

En San Miguelito, una legua distante de la ciudad, se encontró este jefe con el enemigo, y se batió con tal ardor, que la infantería que había sido rodeada por aquel, y se defendía a la bayoneta, de tal modo se confundió con los contrarios, que se le consideraba ya muerta y prisionera.

En este momento, usando de su arrojo acostumbrado, el Teniente Coronel Corzo, Comandante del escuadrón, cargó con cuarenta dragones sobre el enemigo, con tan buen éxito, que llegó a tiempo de salvar nuestra infantería, que todavía peleaba sin quererse rendir. Aquel retrocedió asombrado, y una segunda carga completó su derrota.

Cuando recibí el parte de que el Coronel Terrelong se hallaba al frente del enemigo, marché con el resto del ejército. Las descargas seguidas que se oían en el camino me acreditaban que aquel jefe se había comprometido en una acción con tan poca tropa; pero todos mis esfuerzos por tener parte en ella fueron inútiles.

Sólo llegué al campo de batalla para premiar el valor, socorrer a los heridos y proteger a los prisioneros. Perseguí los restos del enemigo hasta Sumpango, y pasé al día siguiente al pueblo de Mixco en donde permanecí algún tiempo.

Allí se me manifestaron, por medio del ciudadano J. Antonio Alvarado, los deseos que tenía de mediar en nuestras desavenencias el Ministro de los Países Bajos, y de tener, a este fin, una conferencia conmigo. Esta tuvo lugar, a los pocos días, en la hacienda de Castañaza, aunque sin ningún resultado por entonces.

De Mixco marché a situarme a la hacienda de Aceituno. Antes de llegar a la de Las Charcas, se me aseguró que el enemigo se aproximaba a la misma hacienda. Cuando llegué a ella, observé que venía en marcha, a distancia de un cuarto de legua.

Entonces conocí que quería aprovechar, para atacarme, el momento en que se había disminuido el ejército con la marcha de la primera División sobre el departamento de Los Altos, al mando del Teniente Coronel Jonama, con el objeto de perseguir una fuerza enemiga que obraba sobre aquellos pueblos a las órdenes del Coronel Irisarri.

Al momento formé la fuerza para aguardar al enemigo que, en triple número, se presentaba en la llanura. Todo el valle se veía cubierto de caballería, que se aumentaba a la vista con una multitud de espectadores. Esta caballería se formó fuera de los tiros de nuestra artillería ligera. El de fusil no alcanzaba al grueso de la infantería.

Sólo una parte de ésta, en número de 500 soldados, se aproximó, formada en batalla, a menor distancia, y rompió el fuego al mismo tiempo que la guerrillas de cazadores que hizo desplegar. Los nuestros lo contestaron a pie firme.

Cansado de aguardar a que se aproximara el resto de la infantería y toda la caballería enemiga, que continuaba guardando la distancia en que se había colocado al principio, hice marchar dos compañías de cazadores por el flanco derecho y tirar algunas bombas.

Estas causaron mucho estrago en la caballería y, a las primeras descargas que aquéllas hicieran, avanzando siempre sobre el enemigo que peleaba, éste huyo, y el resto siguió en ejemplo sin haber hecho un solo tiro. La caballería lo imitó, volviendo caras, y la nuestra, aunque en pequeño número, cargó sobre esta confusa masa de hombres, que huían haciendo un terrible estrago en todo el valle y centenares de prisioneros.

Los que no lo fueron entraron en la plaza en gran desorden; y no hice un esfuerzo para ocuparla aquel día, por aguardar que se me incorporase la División que obraba en Los Altos.

Al siguiente día marché de la hacienda de Las Charcas a la de Aceituno, en donde permanecí hasta la llegada de la tropa que se hallaba en Quezaltenango, de la que se reorganizaba en la Antigua Guatemala, y reclutaba en el Estado de El Salvador.

Pocos días después me dio parte el Coronel Jonama de haberse echado el pueblo del Barrio sobre los enemigos y entregándole prisioneros a los principales jefes. Pero, a esta noticia que no podía ser más satisfactoria, añadía otras sumamente desagradables. Me aseguraba que el Teniente Coronel Menéndez había sublevado contra él la División, a pretexto de obrar de acuerdo con los enemigos, por el buen trato que diera, en cumplimiento de mis instrucciones, al Coronel Irisarri y demás prisioneros: y que la viruela maligna, que había comenzado a propagarse en los soldados, le obligaba a regresar al cuartel general.

Temiendo que muy pronto cundiese esta epidemia en todo el ejército, tomé varias precauciones para evitarlo, aunque no quedé satisfecho por no haber encontrado la vacuna.

Con la mediación del Ministro de los Países Bajos, de que ya he hablado, se reunieron en el sitio de Ballesteros, para tratar de la paz, los ciudadanos Arbeu, por el Vicepresidente de la República y Pavón por el Gobierno del Estado de Guatemala, el General Espinosa por el de El Salvador, y yo, por los de Honduras y Nicaragua. Las proposiciones que por una y otra parte se hicieron fueron desechadas, y los comisionados se retiraron.

Pero mis deseos de una transacción eran tan vivos, como fundados los temores que tenía de que se disolviese el ejército por la epidemia de viruelas. Volví, por esto, a excitar al General Vérver, Ministro de los Países Bajos, para una nueva conferencia, a la que concurrieron los mismos comisionados. El General Espinosa y yo les presentamos la proposición siguiente:

1°. Que se estableciera un Gobierno provisorio en el Estado de Guatemala, compuesto del mismo jefe C. Mariano Aycinena, del C. Mariano Prado y yo.

2°. Que los dos ejércitos debían reducirse al número de mil hombres, y componerse, en iguales partes, de salvadoreños y guatemaltecos.

3°. Que el Gobierno provisorio debía instalarse en Pinula, y entrar después a Guatemala con aquella fuerza, destinada a dar respetabilidad al mismo Gobierno y a mantener el orden en el Estado.

4°. Un olvido general por lo pasado.

Tan satisfecho estaba yo de que sería admitida, sin discutirse, esta proposición, porque conocía la debilidad a que se hallaba reducida la plaza, como grande fue mi admiración al verla desechada.

Si el enemigo ignoraba la causa de tanta generosidad, sabía muy bien que no era acreedor a ella por su conducta observada con los Gobiernos y pueblos de El Salvador y Honduras, en circunstancias menos difíciles para éstos.

Sabían, además, que ni su posición actual, la más desventajosa en que pudo colocarse, ni sus futuras esperanzas, puesto que no aguardaba ningún auxilio, ni la moral de su tropa, conocida ya en la acción de Las Charcas, pudieron hacerle esperar un mejor desenlace.

Pero todavía aparece más ventajosa esta proposición si se compara con las que hicieron a los salvadoreños para que rindiesen la plaza, tan fuerte entonces que, lejos de alcanzar la menor ventaja, concluyeron los sitiadores por rendirse a los sitiados.

Y siempre merecerá el nombre de generosa, por lo que se hizo en la seguridad de que la plaza de Guatemala se rendiría con poca resistencia, como sucedió diez días después, que fue entregada bajo las condiciones que le impusiera el vencedor.

La plaza fue ocupada al siguiente día de la capitulación, y yo me alojé en la casa de Gobierno. Pasados algunos minutos se me presentó el Ministro de Relaciones del Gobierno Federal y me entregó una nota del Vicepresidente de la República, C. Mariano Beltranena, en la que me preguntaba si debería continuar en el ejercicio del Poder Ejecutivo.

Los que recuerden que el Vicepresidente, apoyado en el ejército del Estado de Guatemala, había usurpado el mando al Presidente de la República, burlándose de los repetidos reclamos que éste le hizo para obtenerlo, que era uno de los más poderosos motivos de la guerra que se llevó hasta la Capital de la República, a nombre de la mayoría de los Gobiernos de los Estados que componen la Federación, se persuadirán fácilmente de que mi contestación fue por la negativa.

En el mismo día mandé reducir a prisión al Presidente y Vicepresidente de la República, a los Ministros de éste, de Hacienda y Relaciones, y al Jefe del Estado de Guatemala.

Esta medida ejecutada en cumplimiento de las órdenes que había recibido de los Gobiernos de los Estados, estaba en consonancia con mi opinión, de reducir el número de los presos al menor posible; y tenía también por objeto poner en absoluta incapacidad de obrar a los principales Jefes que habían llevado la guerra a los Estados.

Cuando se exigió, en cumplimiento de la capitulación, la entrega de todos los objetos de guerra, apareció menos, una cantidad considerable de fusiles. La reclamé por medio del señor Manuel Pavón, demostrándole aquella falta con el estado del armamento entregado, y el que se encontró en la comandancia de los enemigos, hecho tres días antes de haberse rendido la plaza.

Pavón me dio una contestación evasiva, y yo le aseguré que si la capitulación no se cumplía por parte de ellos, no me consideraba en la obligación de respetarla por la mía.

Aunque hasta entonces no creía que se obrase de mala fe, vino luego a sacarme de mi error la orden del día mismo en que se ocupó la plaza, autorizada por el Secretario del Gobierno del Estado de

Guatemala en concepto de Jefe de Estado Mayor. En ella se permitía salir a los soldados de la plaza, contrariando el artículo 4° de la capitulación, en el que se ofrecía que continuarían en sus cuarteles; para que de este modo pudiese tener efecto el artículo 5° de la misma capitulación.

Muchos de los soldados que salieron en virtud de aquella orden, llevaron sus fusiles, y los excesos que cometieron en algunos pueblos inmediatos, tal vez exagerados por los que querían acreditarse con los vencedores, produjo temores de una reacción en el ánimo de los cobardes, y dio un nuevo y fundado motivo para creer lo poco que respetaban los vencidos sus compromisos.

No habiendo tenido mis reclamos de que se observase la capitulación, ningún resultado favorable, expedí un Decreto, en el que manifestaba los motivos que tenía para no cumplirla por mi parte. El señor Arce ha querido inculparme por este hecho en sus Memorias: en ellas pretende demostrar con los mismos estados que yo cito, el no haber habido ninguna falta de parte de los vencidos. Si en dichos dos estados aparece un número de armamento casi igual, es porque en el uno se comprendieron las armas inútiles que había en el almacén, en tanto que en el otro sólo figuraban los fusiles útiles que se hallaban en manos del ejército enemigo.

Varias pruebas podría aducir para poner en un punto de vista más claro, el hecho a que me refiero, si el tiempo, que todo lo descubre no hubiera venido a justificar la conducta que observó en aquella vez, presentando como una prueba irrefragable el armamento que de las bóvedas de la Catedral de Guatemala sacó Carrera a la vista de todos; el mismo que, en el año de 1829, fue el objeto de mis reclamos, y la causa por que se anuló la capitulación. Mis hechos posteriores acreditan que no tuve otras miras.

Por el artículo 6° de dicha capitulación se garantiza la vida y propiedades de todos los individuos que existían dentro de la plaza. Esta era la única seguridad que se les daba. A nadie se castigó con la pena de muerte, ni se le exigió por mi parte ninguna clase de contribución.

La capitulación fue religiosamente cumplida, aun después de haberse derogado. La obligación cedió entonces su lugar a la generosidad, y no tuvo de qué arrepentirse. Y no se diga que faltaba sangre que vengar, agravios que castigar y reparaciones que exigir. Entre otras muchas víctimas sacrificadas, los Generales Pierzon y Merino fusilados, el uno sin ninguna forma judicial, y arrancado el otro de un buque extranjero para asesinarlo en la ciudad de San Miguel, pedían entonces venganza, así como los incendios y saqueos de los pueblos de El Salvador y Honduras demandaban una justa reparación,

Si el Gobierno de Guatemala señaló, para sostener el ejército, contribuciones forzosas a los propietarios que pertenecían al partido vencido, además de que estaba en sus facultades esta medida, la necesidad de pagar sus haberes al soldado vencedor, lo exigía y la política demandaba no sacar estos fondos de los que nos habían prestado buenos servicios.

Además, la capitulación celebrada, en uso de las facultades que me daban las leyes militares, no podía comprometer del mismo modo al Gobierno del Estado de Guatemala que si se hubiera ajustado el tratado propuesto en Ballesteros, en cumplimiento de las instrucciones que se me habían conferido al efecto.

A pesar de que en mi opinión el número de los presos debía ser el menor posible, como lo había acreditado, reduciéndolo a cinco individuos de los más notables, la de los pueblos, así como la de los Gobiernos de los Estados y la del ejército, era enteramente contraria.

El Gobierno del Estado de El Salvador, por medio de sus comisionados, ciudadanos José María Silva y Nicolás Espinosa, y el de Honduras y Nicaragua, por las exposiciones que se publicaron entonces por la prensa, pedían el castigo de todos los culpables; y yo, que no desconocía la justicia de estos reclamos, y que debía cumplir las órdenes de los jefes que habían depositado en mí su confianza, me vi obligado a reducirlos a prisión.

Pocos días después se comenzó a difundir en la ciudad la noticia que se intentaba........................(*).

(*). Aquí concluyen las Memorias del General Morazán. Tanto en el manuscrito, como en las copias que hemos adquirido para proceder a la edición. Fundadas sospechas nos hacen creer que la segunda época de la vida de aquel valiente e ilustre soldado muy fecunda en acontecimientos, que ocupan la mayor parte de la   historia contemporánea del país, ha sido escrita por él mismo en su larga expedición a las Repúblicas del Sur, y perdida u ocultada en la jornada con que terminó su carrera política en San José.

Al menos así lo da a entender su ofrecimiento, de omitir en el discurso de su obra, pormenores que podrían ser desagradables a algunos y que pertenecen a los sucesos ocurridos hasta la conclusión de la guerra.

Mas si es sensible que Centro América quede privada de la continuación de estas Memorias, nadie negará, que con la parte interesante que hoy ve la luz pública, se puede venir en conocimiento del origen de la revolución prolongada hasta nuestros días, y de una reputación literaria apenas conocida de los patriotas centroamericanos, y tenazmente negada por el bando opuesto a los principios y al progreso. Ella abre el juicio de la posteridad para el caudillo de los pueblos que proclamó y sostuvo las libertades públicas, y hace esperar con impaciencia el día que la prensa publique la parte que ahora se ha hecho difícil dar a luz; pues aunque ella fuera perdida, datos hay suficientes para suplirla con toda precisión y claridad.

(Nota de los Redactores de "El Rol" en la edición hecha en San Vicente, en 1855).

www.ingramcontent.com/pod-product-compliance
Lightning Source LLC
Chambersburg PA
CBHW061743120626
46550CB00005B/1870